你是好人緣還是顧人怨？

測試自我友情輻射力的

108則

心理測驗

Psychological Tests

輕鬆生活館：29

你是好人緣還是顧人怨？測試自我友情輻射力的108則心理測驗

編　著　葛瑞絲
出版者　大拓文化事業有限公司
執行編輯　林秀如
美術編輯　姚恩涵

總經銷　永續圖書有限公司
劃撥帳號　18669219
地　址　22103 新北市汐止區大同路三段一九十四號九樓之一
　　TEL　(〇二)八六四七—三六六三
　　FAX　(〇二)八六四七—三六六〇
　　E-mail　yungjiuh@ms45.hinet.net
　　網　址　www.foreverbooks.com.tw

法律顧問　方圓法律事務所　涂成樞律師

CVS代理　美璟文化有限公司
　　TEL　(〇二)二七二三—九九六八
　　FAX　(〇二)二七二三—九六六八

出版日◇二〇一六年十月

Printed in Taiwan, 2016 All Rights Reserved
版權所有，任何形式之翻印，均屬侵權行為

國家圖書館出版品預行編目資料

你是好人緣還是顧人怨？測試自我友情輻射力
的108則心理測驗 / 葛瑞絲編著. -- 初版.
　-- 新北市：大拓文化，民105.10
　面；　公分. -- (輕鬆生活館；29)
　ISBN 978-986-411-042-1(平裝)

1. 心理測驗

179.1　　　　　　　　　　　105015611

永續圖書線上購物網
www.foreverbooks.com.tw

大拓 Talent Tool

Part 1

交友之道——對待他人要像對待自己一樣

01. 你是個在乎朋友的人嗎？.............................010

02. 你在朋友圈的地位如何？.............................012

03. 你和朋友的關係如何？.............................014

04. 你在朋友眼中怎麼樣？.............................016

05. 他是關鍵時刻幫你的人嗎？.............................018

06. 你容易得罪人嗎？.............................020

07. 你身邊誰最疼你？.............................022

08. 朋友會在背後說你的壞話嗎？.............................024

09. 別人都在背後說你什麼壞話？.............................026

10. 朋友做什麼你會難過？.............................028

11. 你願意和怎樣的人交朋友？.............................030

12. 你對朋友大方嗎？.............................032

13. 你願意和誰交朋友？.............................034

14. 你會打腫臉充胖子嗎？.............................036

15. 你是不顧一切湊熱鬧的人嗎？.............................038

16. 什麼人能當你的知己？.............................040

17. 朋友眼中你麻煩嗎？.............................042

CONTENTS

18. 你是否懂得換位思考？ 044

19. 你有多讓人看不順眼？ 047

20. 你什麼地方討人厭？ 049

21. 生日禮物揭示好友關係 051

22. 你的嫉妒心強嗎？ 054

23. 從選掛曆測如何向朋友展現自己？ 056

24. 鑰匙圈可以幫你認識好朋友 058

25. 在別人眼裡你過於重物質嗎？ 060

26. 妳是怎樣的女生？ 062

27. 從沐浴方式看初次見面你留給別人的印象 065

28. 你在朋友眼中的親和力如何？ 067

29. 別人對你有多信任？ 069

30. 他有好「友」緣嗎？ 071

31. 你最怕被別人挑剔的地方是什麼？ 073

32. 你留給別人的第一印象是什麼樣的？ 075

33. 禮物測試你是否讓人很討厭 077

34. 遇到磨人的人，你會心軟嗎？ 079

35. 你是一個討人喜歡的人嗎？ 081

36. 交際中你是什麼形象？ 083

37. 你的性格開朗嗎？ 086

38. 你適合跟什麼人在一起？ 088

39. 你是個容易接近的人嗎？ 090

40. 你的性格孤僻嗎？ 092

41. 你容易被人接受嗎？ 095

42. 與人交往你有耐性嗎？ 097

43. 你經常得罪人嗎？ 099

44. 你的性格對別人有何影響？ 102

45. 你能與朋友們相處得很融洽嗎？ 104

46. 從喜愛的房子瞭解朋友圈 106

47. 你哪一點最惹人厭？ 108

48. 交朋友，你遵循什麼原則？ 110

49. 你的交友態度如何？ 112

50. 朋友對你的感覺如何？ 115

51. 你的心理空間有多大？ 118

52. 在朋友心中你夠體貼嗎？ 120

53. 你是別人怎樣的朋友？ 122

54. 你是否會被朋友利用？ 124

55. 你在朋友圈是什麼形象？ 126

56. 檢驗你的友情輻射力 128

CONTENTS

Part **2**

人緣大師──參透人情世故是情商的最高境界

01. 你的人際關係穩定嗎？ 132

02. 你是個社交高手嗎？ 134

03. 從收藏古董看交友 137

04. 誰是你人生中的剋星？ 139

05. 從搭訕看你的交際情況 141

06. 社交中你的防禦心如何？ 144

07. 在社交方面你缺什麼？ 146

08. 從等電梯的焦慮看你的社交情況 148

09. 你在社交生活中有什麼心態？ 150

10. 有艷遇時你保持理智的機率 152

11. 小小螞蟻測試你的人際關係 154

12. 你的人際關係狀況如何？ 156

13. 你會帶給身邊的人快樂嗎？ 158

14. 面對突然的好意你會怎樣？ 160

15. 在人際交往中你是個什麼樣的人？ 162

16. 你有平衡人際關係的能力嗎？ 165

17. 從團體位置窺探你的社交個性 167

18. 你是個好相處的人嗎？ 169

19. 無法忍受的髒亂 172

20. 你的人際關係及格嗎？ 174

21. 如何化解人際糾紛？ 176

22. 美食測你的應變能力 178

23. 你的敵人在哪裡？ 180

24. 怎樣對付兩面三刀的人？ 182

25. 測試你的人氣指數 184

26. 你是能說會道的人嗎？ 186

27. 誰會出賣你？ 188

28. 從裝飾房間測試你的人緣 190

29. 你在人際交往中的優秀之處 193

30. 你的人際優勢是什麼？ 196

31. 畫太陽測你的社交力 198

32. 你的人際關係敏感度如何？ 200

33. 灰姑娘測試你在社交中的危險因子 202

34. 你的社交能力到底如何？ 204

35. 自畫像測試你的社交能力 206

36. 你的社交形象如何？ 209

37. 你是如何應對誤會的？ 211

CONTENTS

38. 你的交際手腕高明嗎？ 214

39. 別人會把你當怪胎嗎？ 216

40. 你會如何看待別人的看法？ 219

41. 從喜愛的咖啡廳看出你的社交觀 222

42. 從包裝紙看出你不擅長交往的人 225

43. 你的惹人厭指數 227

44. 如何來處理交際難題？ 229

45. 從養寵物測你的人際關係 231

46. 你容易被人欺負嗎？ 234

47. 午餐與你的人際觀 237

48. 測你為人處世的態度 241

49. 從停留視線測試人際關係 243

50. 面對誰，你最冷血？ 246

51. 你會如何應對不感興趣的人？ 248

52. 你與人相處的弱點 252

Part

1

交友之道──對待他人要 像對待自己一樣

瞭解朋友的情感需求並盡己所能地滿足他的需求，是高情商的重要標誌。

他人怎樣對待你，取決於你怎樣對待他人。

你在別人的眼裡是什麼樣的，是討人喜歡還是討人厭？又是誰在關鍵時刻能幫助你？停下腳步，關心一下你的朋友吧！朋友是你一生中最寶貴的財富。

01. 你是個在乎朋友的人嗎？

當認識了一個人，你想跟他交朋友時，你會想瞭解朋友的哪些事呢？

A. 功課、成績
B. 星座、個人資料
C. 家庭狀況
D. 興趣、愛好

測試結果

A 你是個現實的人，你根本就不怎麼在乎你的朋友。當你的朋友跟你說他成績不好時，你一定會對他很冷淡，但你應該試著瞭解、關心他。

B 你算是蠻會照顧朋友的人，當朋友有難時你會幫他。但缺點是當你眼前有利益時，你會完全忽略朋友。

C 你很在乎朋友，尤其是他的成長環境。你不想讓朋友遭受威脅，你是一個非常在乎朋友的人。

D 你是難得一見的忠實好友，在你的心目中，朋友間就應該有難同當，也因為這樣，你的朋友越來越多。

02. 你在朋友圈的地位如何？

朋友要搬家了，你會送什麼禮物呢？

> A. 枕頭
> B. 餐具
> C. 傘架
> D. 裝飾櫃

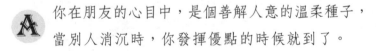

A 你在朋友的心目中，是個善解人意的溫柔種子，當別人消沉時，你發揮優點的時候就到了。

B 你在朋友眼中是一個「智多星」，當朋友面臨困難時，為其出謀劃策的總是你。

C 你在朋友圈，是一個營造氣氛、控制氣氛的高手。

D 你是絕對的中心人物，朋友都會對你的決斷抱有很大的期望。

☆ 【人生三個定律】

一、借錢定律：當遇到困難時，你可以開口借錢的人不會超過10個。

二、聯繫定律：經常保持聯繫的人不會超過30個，其中包括第一條中的10個。

三、銘記定律：一生中能記住名字並且偶爾聯繫的人不會超過60個，其中包括第二條中的30個。

世界很大，圈子很小，珍惜你擁有的，放棄你奢求的。

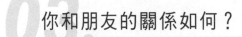

03. 你和朋友的關係如何？

有個玻璃杯在水池的邊緣，眼看就要掉下去了。
掉下去後，你覺得它的破損程度會是怎樣？

A. 底座碎掉
B. 完好無損
C. 杯子整個粉碎
D. 杯口摔掉一塊

測試結果

你是很容易感動的人，為朋友赴湯蹈火也在所
不惜。與感情用事的人相比，你更莽撞也更激
進一些，常常想都不想或是還沒搞清楚狀況就
跳出來替朋友出頭，這樣做雖然顯得很仗義，

但卻會給朋友帶來諸多不必要的麻煩，越幫越忙的人就是你啦！

B 你認為禮尚往來是很正常的，很現實。你在人際交往中非常在乎人家能給你什麼，自己能得到多少好處，雖然你也會給對方等量的回報，但用這種方法來衡量友情難免太俗了吧！你得到的友誼只是表面的，在關鍵時刻並沒有人站在你這邊。

C 你認為自己是天底下最幸福的人，會感情用事。朋友給你一點小甜頭你就以為得到了對方的真心。天真幼稚、直線思維的你很容易被身邊的朋友利用，別人對你信誓旦旦一番之後，你就會意氣用事，做出傻事來！

D 你是直接估價的人，是拜金主義者，會迷失自我。這個世界上，用錢來衡量友情的人很多，對朋友期望過高到最後對朋友失望的人也很多，你就是這些類型的代表。友情只能用心去衡量，事事都朝錢看，會迷失自我的。

04. 你在朋友眼中怎麼樣?

在公車上,坐在你面前的男子打從你上車開始就目不轉睛地盯著你,此時你作何感想?

A. 會不會是我衣衫不整?

B. 是不是小偷盯上了我?

C. 我和他以前是不是在哪見過?

測試結果

A 在朋友眼中,你社交能力強,是個清楚瞭解自己長處和短處的人,和人交往時會控制自己的脾氣,大家自然都喜歡你。

B 在朋友看來你是個特別獨立的人,你有時不會顧及別人的想法,我行我素,又有點小氣,所以大家總會和你保持適當的距離。

C 你心思細密，很喜歡幫助朋友，甚至因此忽略了自己的事。但是朋友和你相處久了，也會對你的慇勤吃不消的。

☆【朋友就是能湊在一起說壞話的人】

「檢驗友情的一個重要標準，就是兩個人湊在一起說別人壞話。」心理學家也發現比起分享積極訊息，能夠共享負面訊息的人彼此更親近。

讚美別人很容易，只需隨聲附和，但是能夠對你傾訴負面信息的人，卻需要冒風險，需要一顆真誠的心。

05. 他是關鍵時刻幫你的人嗎？

出門辦事，除了錢只能再帶一樣東西，據你瞭解，他會帶什麼？

A. 手紙或手帕

B. 鑰匙

C. 車票

D. 手機

測試結果

Ａ　他生活嚴謹，會謹守自己的本分做事。他向來不求人，也不喜歡人家求他，想向他求助的人，最好做好吃閉門羹的心理準備。

B 他自尊心極強，自制力也很強。他討厭去拜託他的人，最令他深惡痛絕的是那種得到便宜又賣乖的人。所以要想得到他的幫助，可要花點心思和他套交情。

C 他是個很獨立的人，什麼事幾乎都可以自己辦好。對於別人的請求，只要能做到的他都會義無反顧地答應，不行的他絕對不會插手。

D 他喜歡別人依賴他的那種感覺，能不能幫，是否能夠真正給予對方幫助，在他眼中只是次要問題，重要的是他的虛榮心得到滿足。

06. 你容易得罪人嗎？

你抱著一個精美的玻璃製品小心翼翼地上了火車，不幸的事發生了，一個急著上車的人把你擠到了扶手上──東西碎了，而這個人竟然是你以前的鄰居。這時你會：

A. 不管他是誰，大發雷霆，大罵對方

B. 算了！自認倒霉，只能氣在心裡

C. 要求對方照價賠償

D. 安慰他説：「沒關係，不要緊。」

測試結果

A 你的人際關係在出發點上就有偏差，在你的觀念中，朋友不會比你心愛的東西來得重要。因為這樣的觀念，朋友都會覺得不被尊重而離開你，甚至成為你的敵人。

B 你是一個怕得罪人的人，表面上你只能自認倒霉，但在心底卻憤怒不已。為了怕得罪別人而壓抑自己，你可能會漸漸脫離人群，自我封閉起來。到時候，全天下的人都會視你為異物，你會覺得更孤立。

C 你覺得你和所有的朋友都是處於對等狀態，沒有誰該怕誰，誰該讓誰的說法。這樣的處理方式是大多數人可以接受的做法，不過，遇到一些自我意識較強烈的人，你就會被認為是太不講情面。

D 在你處理人際關心的觀念中，人的價值是重過一切的。因此你在處理事情的時候，會不自覺地以客觀的立場來考慮利害得失。就是因為你這樣重視朋友，給朋友面子，所以你的人際關係是很圓滿的。

07. 你身邊誰最疼你？

　　如果你是一位新娘，第一次在夫家吃團圓飯，那你會先從哪裡開始吃呢？

A. 先吃幾口白飯

B. 先從你喜歡吃的菜開始

C. 只要不用剝殼的就好

D. 使眼色叫另一半幫你夾

E. 從最近的菜開始吃

測試結果

A **你最得長輩或前輩疼愛**

　　你很有禮貌，尤其是面對長輩或前輩的時候，因此會很得他們的疼愛，不管是在工作或者是生活上都會受到大家的照顧。

B 你最得各個階層的同性友人疼愛

你其實沒有什麼心眼，在工作上和生活上會讓人覺得沒有什麼壓力，因此同性的朋友就很喜歡跟你在一起。

C 你最得你的另一半疼愛

你在內心深處多女性化的特質，喜歡當小女人或小男人，兩個人在一起的時候就很容易得到另一半的疼愛。

D 你最得各年齡段的異性友人疼愛

其實你的個性是蠻大而化之的，異性會認為你很好相處，大家在一起的時候很像哥兒們或姐們兒，感覺上很融洽。

E 你最得上司或老闆疼愛

你在工作上和生活上屬於默默努力型，而上司和老闆看到你的才華和努力，就會提拔你。

08. 朋友會在背後說你的壞話嗎？

今天分組進行美術活動，你會和哪種人在一組？

A. 擅長美術但驕傲不已的人
B. 大家都很討厭的、你最好的朋友
C. 聰明、能提供好意見但堅持己見的人
D. 活潑搞笑但不愛做事的人

Ⓐ 你的個性可能有點固執，有時你會怕成績比別人差，甚至可能有很大的疑心病，懷疑這個人怎樣怎樣、那個人怎樣怎樣，有些朋友會受不了你這樣的個性，就會在背後說你的是非。

B 在朋友眼中你是個重情重義之人，無論別人怎樣，你總是對朋友很好。但如果你是班幹部，在一些方面可能會有點偏心，因而別人會對你產生一些不滿。

C 別人會認為你有點勢利，因此無法諒解你，有時甚至說你是老師的乖寶寶。要小心和老師的說話態度，可能會因此引起同學的不滿。

D 別人會覺得你只是想要當班上的風雲人物，會不擇手段，如果你真的是班上的風雲人物，其他人就會因為忌妒眼紅在背後說你壞話。要注意對其他人的態度，不可以擺出驕傲的姿態。

09. 別人都在背後說你什麼壞話？

沙灘上的大石頭後面躲了一個小孩子，憑直覺你覺得他在做什麼？

A. 想嚇人
B. 撒尿
C. 躲貓貓
D. 生悶氣

測試結果

A 別人常在背後說你是「容易火山爆發的老虎」。你的內心深處很有正義感，很多事情看不下去時會出來主持公道，有時候脫口而出的話讓人覺得你脾氣很壞，其實你只是說真話而已。

B 別人常在背後說你是「活該倒霉老被人欺負的軟柿子」。

其實你的內心深處覺得凡事不要麻煩別人，以和為貴，不要強出頭，你怕自己去爭取時得罪人讓別人不開心，所有的苦往自己肚子裡吞就好了。

C 別人常在背後說你是「年紀一大把了還裝可愛的老妖精」。

你的內心深處拒絕長大，不管實際幾歲，內心永遠是一個可愛純真的小孩子。

你會裝一些可愛的表情講一些可愛的話，不過年紀比你小的人會覺得你實在很噁心。

D 別人常在背後說你是「愛嚼舌根、道人是非的大嘴巴」。

你聽到什麼話都想跟別人分享，為了好玩、製造效果而把事情誇大，可是看在別人眼裡就會覺得你喜歡道人是非。

10. 朋友做什麼你會難過?

這天陰雨綿綿,在家悶得發慌的你,打起雨傘,穿上雨靴,想到對街的花店買花轉換一下快要發霉的情緒。就在前往花店的路上,你撿到一樣東西,你覺得那會是什麼?

A. 錢

B. 手錶

C. 發票

D. 鑰匙

測試結果

A **你最受不了朋友的背叛**

你覺得朋友是用來分享心情的，因此你會把很多祕密告訴對方，以為那是一種情誼彌堅的象徵。當你發現朋友是雙面人，盡做一些背叛你的事時，你就會當即拋卻這段友情。

B **你最無法忍受朋友遲到**

你是一個相當有時間觀念的人，無論朋友和你多有交情，只要對方一發生遲到的情況，你就會很氣憤，甚至可能會當街怒斥朋友，或是掉頭就走，完全不給對方面子。

C **你最討厭朋友懷疑你**

你的交友原則挺嚴的，跟你感情不錯的朋友，都是經由你的多方考驗，你視他們如手足，因此特別無法忍受朋友對你猜疑或是不信任。

D **當朋友騙你的時候，最讓你覺得難過**

你覺得大家既然有緣成為朋友，一定有某種程度的契合，任何事都應該可以用溝通的方式解決，但是假如朋友出了不老實的狀況，你就很難再信任他了。

11. 你願意和怎樣的人交朋友？

　　假設你是個剛畢業的大學生，因為沒錢交房租，被房東趕出來了。正在這時，你碰到了你以前的同學，他提議去他那邊先湊合一晚。你會怎麼回答呢？

A. 你真是我的救星啊，太好了

B. 謝謝，但是不用了，我去住旅館吧

C. 不太好吧，太麻煩你了

測試結果

A 你非常注重與人有精神層面的交流。你喜歡交那種可以促膝長談的朋友。可能你跟朋友也會因觀點不合而爭吵，但是這一點都不影響你們的感情。

B 你是個缺乏主見、猶豫不決的人。你遇到事情時，身邊能有一個幫你拿主意的人，那是再好不過了。

C 在你的心目中，朋友就該一起分享生活的酸甜苦辣，一起吃喝玩樂。但是，你喜歡交的朋友，是有經濟能力、關鍵時刻能幫助你渡過難關的。

12. 你對朋友大方嗎？

你在朋友家閒談，結果發現最後一班車已經錯過了，而回家需走10公里。這時在下列四個方法中，你會採用哪一個？請依照實際生活環境選出。

> A. 慢步走回家
> B. 給家人打電話，說要住在朋友家
> C. 不在意地留在朋友家
> D. 坐計程車回家

測試結果

A 你一有錢就想花，就算花完後每天吃泡麵也沒關係。有人向你借錢，你就隨便借給他，反之，也會不客氣地向人開口，你是個沒有經濟觀念的人。

B 你善於判斷情況，深得朋友歡迎，同時舉止合宜，在社交上也超人一等。但你生性是屬於節儉的人。

C 你注重自己的想法，討厭別人干涉你，看到喜歡的東西，就算沒錢也要借錢去買。錢包空空也自得其樂，你對經濟的觀念是自由的。

D 你有自我犧牲的精神，願為人服務，但若得不到感謝，就會很生氣。表面上你很浪費，但實際上是個精打細算的人。

☆ 【心理學適度原則】

人與人之間交往的實質就是一種社會交換，其遵循的原則和市場上的商品交換是相同的，人們都希望在交往中自己得到的不少於付出的，而且，如果得到的大於付出的，也會使人心理失衡，進而產生壓力。所以，最好的人際交往方式就是適度交往。

13. 你願意和誰交朋友？

　　四個人同時和你認識，四人各以不同的姿態和你聊天，你會和誰做朋友？

　　A. 眼睛直視著你、頭抬高的人
　　B. 一手橫在胸前、一手直摸鼻子的人
　　C. 雙手交叉胸前、腳也交叉站著的人
　　D. 雙手放在背後、身體正向面對你的人

　　他會直視著你，表示對你很關懷，也有可能是用他銳利的眼神在逼視你。在氣勢上來說，他

想支配你。你喜歡和這種人做朋友的話，暗示你是個需要安全感或是不想出風頭的人，也表示你是個沒有主見的人。

B 他一手橫在胸前，暗示他不敢和你坦誠相見；和你聊天時一直摸鼻子，暗示他不是在欺騙你就是不同意你的說法，但是不好意思說出來。你可能是天生比較魯鈍，迷迷糊糊地就會和人做朋友，可能連最後怎麼被賣的都不知道。

C 他雙手交叉胸前，暗示他很不安，可能是不擅長交際。他的雙腳也是交叉的，這也暗示著他是很緊張的人。這種人是比較鈍，不過倒是值得交往的朋友。或許你本身也是個很忠厚、做人腳踏實地、不喜歡矯揉造作、不會油腔滑調的人。

D 他會把雙手背在身後，表示他對你的存在不具備任何防禦心。如果你喜歡和這種人交往，也暗示了你是一個沒有心機、一樣也想對朋友坦誠的人。

14. 你會打腫臉充胖子嗎？

當朋友要求你去做你不想做的事時，你會怎麼處理？

A. 跟他說明你不願意去做，哪怕與他翻臉
B. 出於無奈只好答應。
C. 委婉地拒絕
D. 先答應，事後再以各種理由推托，說自己無法做到。

測試結果

A 你是個很有主見的人，有自己的方向和原則，不會隨便為外物所動，也不會為表面的圓滿犧牲自己。你的想法思路直接，是年輕人朝氣蓬勃的表現，這也使你贏得很多同齡人的佩服與尊重。

B 你是很愛面子的人，為了得到認同你會選擇委曲求全。
對你來說人際關係很重要，你生怕偶爾的拒絕會使你和周圍人關係惡化，其實你活得很累！

C 你的內心懂得人情世故，但是你不甘於屈服，所以你的行為會理性而又叛逆。
你認為人與人之間的相處應該建立在互相尊重的基礎上，所以你會選擇拒絕，而且會用令人比較容易接受的方式。

D 看起來有點不負責任，其實也不失為一個好辦法！不可否認你有很強的交際能力，讓別人認為你真夠義氣，就算以後有什麼意外幫不了忙也不會怪在你頭上！

15. 你是不顧一切湊熱鬧的人嗎？

　　某日，你看見朋友一副無精打采的樣子。平常他都是很開朗的，今天卻不知怎麼的沒有精神，這時你會怎麼做呢？

> A. 邊鼓勵朋友邊問原因
> B. 向其他朋友問原因
> C. 自己想原因
> D. 沒什麼感覺

A 鼓勵朋友的行為實在是太假了，其實你是想直接問朋友，好早點知道真相，但是，這樣可能會更加傷害到朋友！

B 選擇用迂迴手法問別人的你，這樣或許不會傷害到朋友，卻隱藏著你想和其他人一起探討朋友沮喪原因的慾望。

C 選擇自己想原因的你，是一個非常懂得照顧朋友的人。你體貼朋友、不把事情鬧大的態度、對人際關係十分有益。只是，你還是會想知道朋友沮喪的原因。

D 假裝不知道的你，對其他人的事毫無興趣！因此，有時會讓別人覺得你是個「冷漠的人」，建議你還是多少表示一點關心會比較好！

☆【心理學教你為人處世】

1. 最好的人際關係是相互關愛，而不是相互需要。

2. 遠距離相互欣賞優點；近距離相互善待弱項；中距離相互幫助成才；全方位相互分享利益。

3. 交友須帶三分俠氣，做人要存一點素心。

4. 以勢交友，勢傾則絕；以利交友，利窮則散。

5. 世事如棋，讓一著不為虧我。

16. 什麼人能當你的知己？

你從小就是一個很會找麻煩的人，小時候讓家人頭痛，長大後讓朋友傷腦筋，你覺得你身上最讓人受不了的麻煩是什麼？

> A. 總是糊里糊塗的
> B. 脾氣暴躁
> C. 容易受騙

測試結果

你的人緣還不錯，你的想法單純，別人和你相處不會覺得有什麼負擔。你的朋友很多，但真正稱得上知己的卻不多。而且他們大多和你一樣，凡事不會想太多。

B 你做什麼事都有自己的原則，不喜歡的事，別人勉強你也沒有用；喜歡的事，費勁心思都要做到，你是一個脾氣很倔、很固執的人。你的知己必須能接受你的個性。

C 你發脾氣的時候很少，凡事都會先考慮別人，不會計較太多。所以要當你的知己，一定也要有你的胸懷，再比你多一點理智，就更完美了。

17. 朋友眼中你麻煩嗎？

　　如果你是老人家，那麼你會送孫女哪一句金玉良言？

　　A. 靠男人不如靠自己
　　B. 愛的力量可以改變一切
　　C. 麵包比愛情重要

測試結果

　　　　只要談戀愛不順利，你就會變成討厭又可憐的
　　麻煩精。你平常生活、工作都不錯，當感情生

活不順利時，特別是要分手時就會發瘋似的問朋友尋找答案；當你真正失戀時，朋友還要花更長一段時間幫你做心理治療，直到下一段戀情開始。

B 你就是天生麻煩製造者，自動會蹦出一堆麻煩。你很多想法都很天真，常常讓身邊的人替你捏一把冷汗。

C 你會穩住自己的情緒，然後成熟地處理好自己的麻煩。你非常實際又成熟，很清楚自己的情緒不應該麻煩朋友。

18. 你是否懂得換位思考？

朋友邀你一起參加小組活動，你會參加下列哪一項呢？

A. 外出觀光旅遊

B. 手工製作

C. 化妝美容知識講座

D. 參加與環境污染、自然破壞有關的研討會

你天生開朗，會對那些痛苦不堪、意志消沉的人說「沒什麼大不了的，明天會更好」，以此來安慰鼓勵對方。

但是，你不擅長深入談話，對於對方的痛苦不夠重視，不算是一個好的傾訴對象。

B 你性格溫柔、心思細密，尤其能夠體會那些心靈脆弱、遭遇不幸的人的感受。你的同情不是

強者的施捨，而是完全沒有偏見的純真感情，
所以你能夠理解那些因得不到社會認可而痛苦
不堪的人。

不過，當遇到比自己幸福的人時，你或許會心
生妒忌。

C 你很會誇獎別人，善於發現對方的優點，並且
能夠透過口頭的誇獎讓對方信心百倍。

「你完全能夠做到」「加油吧」之類的話，可
以使對方鼓足幹勁、信心十足。但是，你總是
很強勢，不會同情那些喜歡爭強好勝卻又沒有
能力的人。

D 你為人正直，能夠一視同仁。但是，也因為如
此，你不能理解別人的內心感受，比如你會說
「大家都能承受，你也應該努力承受」之類的
話。你往往因為過於強調團體利益，而容易忽
視個人的感受。

☆ **【決定你前途的13種能力】**

1. 逆向思維能力。
2. 換位思考能力。
3. 總結能力。

4. 文書編寫能力。

5. 訊息資料收集能力。

6. 解決問題的方案制定能力

7. 目標調整能力。

8. 超強的自我安慰能力

9. 書面溝通能力。

10. 企業文化的適應能力。

11. 崗位變化的承受能力。

12. 接受分外之事的能力。

13. 專業能力。

19. 你有多讓人看不順眼？

工作上遇到什麼狀況，是你可以接受且暫時不會離開的呢？

> A. 連續三個月發不出薪水
> B. 同事搶走你的另一半，但你們為了工作仍需要一起做事
> C. 上司對你性騷擾（也許是男的，也許是女的，就是你不喜歡的）

測試結果

Ａ　天生愛碎碎念的你，看到不合你標準的事情的時候就忍不住發聲，讓人有點想扁你。有時候你碎碎念另一半，大家會想說：天啊，不要再說了吧。因為一開口你就停不下來了。

B 火暴浪子個性的你，常常因為別人不經意的言行而大發脾氣，大家實在快要看不下去了；其實你的臨界點比大家都要小一點，一點小事就可以發飆，跟你相處大家覺得：你真的非常難相處而且脾氣太火暴。一點小事你就能把人嚇得半死。

C 其實你的情商非常高，加上你的行為作風及個性上也很成熟，大家無法挑剔你。你在人生方面其實已經累積了很多的智慧，所以在各方面都非常圓滑，大家都會以你為標準。

20. 你什麼地方討人厭？

你在海上悠閒地乘著船時，突然從海裡躍出一隻海豚，奇怪的是，牠竟然會說人話。你認為牠會說出哪一句最令你驚訝的話？

A. 這裡有很多鯊魚，要小心哦

B. 這下面有很多寶物

C. 現在我所說的話都是聽來的

D. 前面有個美麗的珊瑚礁

測試結果

你是個非常細心的人，正因為你過著精神緊張的生活，所以絕對不會饒恕吊兒郎當的人，你已變得很神經質了！對於他人的錯誤，多少也寬容些吧！

B 你簡直是個糊塗到家的人，雖然給週遭的人添了很多麻煩，但他們接觸你之後，便看透了你的粗枝大葉，所以也能漸漸接受。別忘了對任何事都要小心謹慎，好好去努力吧！

C 你屬於一不留神就容易「禍從口出」的犯錯類型，常將別人的祕密說出來，或是用漫不經心的言語去傷害別人。因此，你要養成深思熟慮之後再說的習慣，不要不經大腦就把話說出來。

D 你的個性很開朗，不管什麼樣的失誤都能應付自如。當然這也會給周圍的人添麻煩，可是你都會以笑容來獲得別人的諒解，但是，若光用撒嬌來處理過失的話，總有一天你會闖出大禍的。

21. 生日禮物揭示好友關係

好友的生日快到了，你打算送他/她什麼禮物呢？請從下面的物品中挑選最中意的送給你心中所想的朋友，可以把朋友都對號入座哦。

> A. 杯子
> B. 書 / 雜誌 / 影音製品
> C. 工藝品
> D. 食品
> E. 衣物 / 配飾
> F. 優惠卡
> G. 帶他 / 她去選禮物

測試結果

想送他/她杯子，說明你是個注重生活的人，也很細心，很會照料他人，在大家眼中是個可愛而迷人的存在。這個人想必也是你很關心的人，你們的交集就是可愛。

說明你是個重視知識的人，有兩種情況：第一，你認為這個人也是一樣重視知識的，你們是志同道合的朋友，平時會喜歡切磋一些想法和觀點，你們是有思想交流的；第二，你覺得這個人思想深度還不夠，需要多多加強。

接受禮物的人是一個心思細密而敏感的人，你對他/她有點好奇，又猜不透，想與他/她做進一步的交往。

你們肯定是老朋友了！以致於不用搞一些虛假的事情和禮節，實實在在的就好，吃到肚子裡大家都開心就行了。

你們相處的時間肯定比較久了，對彼此都十分瞭解，尤其是個性方面，感覺關係更像是手足呢！你們之間有一種不用說就能明白的默契。

你也太吝嗇了吧！還是太過豪邁了？連給朋友送點禮物都這麼讓人汗顏，想必他/她也是個不

拘小節的人；要不然就是你們的關係有點緊張
了，就別再用禮物雪上加霜了吧。

G 這是你蓄謀已久的一次行動，不是嗎？只為讓
他/她開心，看來他/她在你心中是個十分重要的
人哦！

☆　【心理常識：人最多擁有5個親密夥伴】

英國《每日郵報》：牛津大學生物進化學教授鄧巴
對18歲至60歲的人的研究發現，男人一般有4～5個
親密夥伴，而女人一般有5～6個閨蜜。

每個人心裡只有5個親密夥伴的空位，可能是人、寵
物或植物，且一旦墜入愛河就容易被忽略。

22. 你的嫉妒心強嗎？

　　你和朋友兩個人一起走進森林時，遇見了巫婆，你們被魔法變成了動物，你被變成了狐狸，那麼朋友會被變成什麼呢？

> A. 鹿
> B. 熊
> C. 兔子
> D. 松鼠

A 　在四種動物裡頭，選鹿那麼大的你，與其說你會嫉妒對方，不如說你會和朋友一起分享喜悅。

B 你是神經很大條的人，雖然這麼說好像是件壞事，但是不會嫉妒其實很好呢！這是因為你比較自信，所以才不會去嫉妒別人。

C 你會在不知不覺中嫉妒朋友。例如，怎麼他/她的成績都比我好之類的，不過一般說來，任何人都擁有這種程度的嫉妒心。

D 人如果可以去探索別人和自己的優點，嫉妒的強度應該也會自然地減弱；適度的嫉妒，其實是不要緊的啦！過度的嫉妒會使你變得陰鬱、可怕，所以要注意哦！

23. 從選掛曆測如何向朋友展現自己？

每到新的一年牆上都要更換掛曆，不管是自己購買的，還是別人贈送的，掛在客廳後就會讓來客評論一下主人的品味。那麼你會選擇哪一種主題的掛曆來迎賓呢？

A. 異國風景
B. 大師名畫
C. 可愛動物
D. 美女明星

測試結果

A 你傾向於對朋友呈現被認同的一面，希望自己能獲得所有人的肯定，所作所為都可以被大家接受。

B 你真的蠻會唬弄人！這個世界對你而言就是一個大舞台，演誰像誰，做什麼像什麼，不管自己專不專業，你都能表現出專家的架勢。

C 你喜歡表現出自己率真的一面，即使心中的思緒纏繞糾結，也會掩飾得很好，別人一點也看不出來你在憂心什麼事。

D 你會單純地表現出內心真實的一面，不在乎別人怎麼想，只要你覺得是對的事情，你就會堅持。

☆【心理健康的十大指標】

1. 正確地瞭解自己。

2. 生活的目標切合實際。

3. 有個性但不張揚。

4. 非常顧家，但也廣交朋友。

5. 安心做好自己的工作。

6. 有信心有主見。

7. 能夠正視自己的缺點。

8. 有較強的抗挫折能力。

9. 接受環境的變化，彈性面對。

10. 適度發洩情緒和控制情緒。

24. 鑰匙圈可以幫你認識好朋友

看看你的鑰匙扣上都是有些什麼呢？

A. 小巧可愛的卡通公仔掛飾
B. 明星偶像的照片掛牌
C. 已經沒有用的鑰匙
D. 只有簡單的鍊子
E. 兩種以上不同的飾物

測試結果

能給你帶來幸運的朋友是對某種東西有特殊愛好的人。比如酷愛收藏郵票、明信片、偶像簽名、毛絨玩具等的朋友，你們或許有不少相同之處呢！

B 能給你帶來快樂的朋友是外形俊俏明朗的異性。比如學校裡的校花、校草等，這樣的朋友就算不能成為你的生死之交，也能幫你聚集不少人氣喲！

C 能給你帶來幸運的朋友是透過別人介紹而認識的人。比如表姐認識的女孩子、媽媽同事的小孩等，性格比較實在的你，還可以由此大幅擴展自己的交際圈呢！

D 能給你帶來精神食糧的朋友是重視內心修養的人。比如表面雖然桀驁不馴，實際上心地善良又正直的人，跟這樣的人交往你能學到不少自己沒具備的東西呢！

E 能給你帶來好運的朋友是喜歡玩、喜歡廣交朋友的人，比如學校社團裡的活躍分子、班上的幹部等，只有跟你臭味相投的人才能為你帶來意想不到的好運氣喲！

25. 在別人眼裡你過於重物質嗎？

　　一個富婆，有一天突然發現她最昂貴的戒指丟了，你認為會是哪個人偷的？

　　請憑你的第一感覺選出。

A. 她的老公
B. 小偷
C. 家裡的傭人

測試結果

A　選這個選項的人，腳踏實地、精打細算。你是現代「原始人」，個性非常執著，當你喜歡一樣東西時就會非常喜歡，價錢一定要在你覺得能接受的範圍之內。

你在衣食住行方面都精打細算，絕不會浪費。
你認為買奢侈品是一件很浪費的事情，不過用
於理財就是另外一回事。你只喜歡賺錢不喜歡
花錢，早晚有一天會把自己變成賺錢機器。

B 選這個選項的人，容易讓別人感覺很物質。因
為你認為外在的東西是個門面，不僅是對自己
的寵愛也是對別人的尊重，所以你會讓自己永
遠表現出最好的狀態，不管是服裝造型、身材，
……都儘量做到讓別人一看到自己就覺得眼前
一亮。

C 選這個選項的人，只是多愛自己一點、品味眼
光比一般人好而已。你常讓人感覺身上的行頭
都是名牌貨或是常換不同的衣服，其實這一切
都是誤解。因為你會用最少的金錢把自己打扮
得很有品味，所以在別人眼裡，你身上總會有
名牌，似乎非常虛榮，實際上你只是懂得如何
穿得很得體而已。

26. 妳是怎樣的女生？

如果妳喜歡的男生邀請妳參加他的生日派對，妳會送下面哪樣生日禮物給他？

A. 名牌打火機

B. 精緻手工陶瓷杯

C. 真皮錢包

D. 刮鬍刀

測試結果

A 送打火機的妳，可真的是一位好女友哦，妳會慣著男友，男友想要什麼，妳就會想盡辦法去滿足他。

在衣食住行上，妳可能會為他打點好一切；在

一些興趣愛好上，妳也會抱著支持的態度。這樣的好女友是打著燈籠也難找的。但是切記一點，妳越是好，可能對方越不懂得珍惜。

B 送精緻陶瓷杯的妳，品味不錯是大家公認的。妳具有很不錯的審美觀，妳喜歡的東西一定是不能俗氣的，精緻而優雅的生活是妳奮鬥的目標。

所以妳作為對方的女友的話，一定也是一個很優雅的女友，很有自己的品味，帶出去一定會閃亮四方的。

C 送真皮錢包的妳，本身就是一個務實的人。與禮物奇特的造型相比，妳更注重有質感但是又極具實用價值的東西，這跟審美觀不差而又比較務實的妳的性格是息息相關的。

如果有妳這樣的女友，把財政大權交給妳，基本上是不會錯的。而對理財一向比較有心得的妳，自然也熱衷於掌握財政大權啦。

D 送刮鬍刀的妳，是一個在工作上十分認真負責、在生活上也注重細節的人。

可能妳給人的印象有一些挑剔，如果妳是對方的女友，對方也會覺得妳真的是蠻難搞定的。

但是與妳相處久了，對方自然會知道，妳嚴格
要求會帶來什麼樣的好處，對方的事業也將會
受到良好的影響。所以妳這樣心思細膩的女友，
也是極好的。

☆【知己，朋友，熟人】

有了高興事，我找人分享。

第一個人比我還高興，第二個人流露出羨慕的神情，
第三個人努力偽裝出平靜，內心卻波瀾起伏，恨不
能讓我的高興瞬間化成輕風。

從此，我便把這三個人分成了三種：知己，朋友，
熟人。

27. 從沐浴方式看初次見面你留給別人的印象

以下你比較喜歡哪一種沐浴方式？

A. 露天沐浴

B. 在設施完備的高級浴室沐浴

C. 在像法國電影裡出現的那種西式浴缸中沐浴

測試結果

A 若你是個女生，你一定是比較大膽有勇氣的類型，充滿自信且最具開放性。你能給對方安心的感覺，即使初次會面也能坦然地談話。

B 你與初次見面的人講話會感到緊張，但給人的印象是非常謹慎、善於與人交往。

C 你與別人之間隔著一堵牆，特別是跟男生，初次見面時也許不會給人留下好印象。

28. 你在朋友眼中的親和力如何?

你覺得自己跟哪種動物比較相似?

A. 頑皮的小貓

B. 忠於主人的小狗

C. 漂亮的花蝴蝶

D. 溫順的小綿羊

E. 聰明伶俐的小松鼠

F. 膽小害羞的小白兔

A. 活潑開朗的你整天無憂無慮,跟誰都好像哥兒
們一樣,因此同性和異性朋友都喜歡與你相處,
可有時你卻因為太無厘頭而把別人搞得哭笑不
得。

B 你很懂得交際，讓人覺得親切，不過有時你愛把所想藏在心裡，不讓朋友察覺。如果你能更多地與朋友分享心事，就會讓自己活得輕鬆一些。

C 你常給人一種高傲的感覺，難以讓人產生親切感，即使對很熟的朋友，你也始終有一份防備。你若想打破這種局面，就與周圍的人打成一片吧。

D 你做事細心，但有點保守，某些事上放不開，因此會給人一定的親切感，卻有懦弱的成分在裡面。有時你太為別人著想，卻把自己搞得很累。

E 你為人處世處處顯示出精明強幹的特質，因此你的人緣並不壞，卻比較缺乏親和力，可能是因為太聰明的人往往較容易招同性嫉妒吧。

F 你對朋友超體貼，關注細節，很能顧及別人的感受，就算多委屈自己一點，也要成全朋友。可有時過於膽小怕事、委曲求全反而容易造成內傷。

29. 別人對你有多信任？

如果要你去參加裸體瑜伽，那麼你最在意的是什麼？

A. 怕自己不能放鬆
B. 怕別人不能專心
C. 怕自己的身材被人批評

測試結果

A 愛面子又常誇大事實的你，常讓人搞不清你的話哪句是真哪句是假，別人對你說的話總是半信半疑。你很孩子氣，常常會開玩笑，因此常常搞到大家對你講的話都持懷疑態度。

B 天性喜歡開玩笑的你說話沒半句正經,你說的話大家只當笑話聽聽,根本沒任何可信度。你越天馬行空越開心,而且常常會弄一些緊張的情況去驚嚇朋友,久了之後大家都會認為你完全沒有可信度。

C 做人有原則又懂分寸的你會對自己說出來的話負責,所以只要是從你嘴裡說出的話大家都會打從心裡相信。你在專業的領域中有自己的堅持和原則,你會對自己說出來的任何話負責,因此大家聽了你的話都覺得可信度很高。

☆【如何讓別人信任你】

1. 幫自己的嘴巴安上一把鎖,不要試圖講出全部的想法。
2. 少做承諾,並保證它們的信譽。
3. 永遠不要錯過讚賞和鼓勵別人的機會。
4. 保持開放的心態。討論但不要爭論,即使不贊同,也不憤懣,這是內心成熟的標誌。
5. 謹慎地對待別人的情感。

30. 他有好「友」緣嗎？

你是否聽他提起過，如果他買彩券中了100萬元，那他最想做什麼事？

> A. 漫無目的地享受購物的樂趣
> B. 參加旅行團到國外旅行
> C. 請朋友大吃一頓
> D. 買幾套漂亮的衣物犒賞自己
> E. 到渡假村享受神仙般的服務

測試結果

A 他性格開放隨性，不過他的浪漫性格也給人以不信任感。雖然他的人緣不錯，但只要看到他處理事情的態度，可能會讓朋友們否定掉他。

B 他對生活相當有規劃,不過,在朋友眼中他卻可能是一毛不拔的人,以致真的遇到麻煩時,常常「友」到用時方恨少。

C 他十分有趣,對任何事情都保持高度的好奇心,也喜歡結交朋友,但是真正跟他深交的並沒幾個,而他也總是覺得無所謂。

D 他常常給朋友留下嘴巴停不下來的印象。他通常希望能在群體中扮演一個像是領導者的靈魂人物,他無法忍受別人在團體中嶄露頭角。

E 他非常愛面子,很難聽得進旁人對他的即使很小的批評及意見。將來有一天,當他失意落魄時,可能身邊連一個朋友也沒有。

31. 你最怕被別人挑剔的地方是什麼？

衣裝很齊全，但你還覺得缺點什麼，現在選一樣小配件，你認為什麼會是最搶眼、最具魅力的？

A. 橙紅色鮮亮的手提包
B. 個性十足、魅惑無限的太陽眼鏡
C. 塗上濃濃淡淡總相宜的指甲油
D. 野性誇張的粗獷鍊飾

A 你需要被寵愛，需要對方包容你的任性、耍賴、懶惰、頑皮，你覺得這些都是你無傷大雅的小脾氣，如果對方真心與你好就應該對你退讓些。但是當你的朋友或戀人無法理解或者受不了時，

你會覺得對方真不值得你投入，所以你總是換新朋友和戀人。

B 你的聰明才智不容被人挑剔，尤其是被你親密的人挑剔。你對自己長期累積的判斷力非常自豪，如果你的朋友、戀人覺得你笨、反應慢，那真是叫你無名之火頓生。所以圍在你身邊的常常是對你的聰明才智欣賞有加的人，這樣你也會自動欣賞對方的優點。

C 如果大家是真心建立情感，那自然不會太在意彼此的過去。雖然你是那麼認為的，可有一天你發現對方竟然開始嫌棄你的過去，此時你覺得自己好像被對方出賣了，說不定還會為自己錯誤的投入掉眼淚，你可是因為認真才向對方吐露內心最隱祕的過去，不是嗎？

D 很有自信的你，認為自己獨一無二、聰明美麗。所以當有一天，對方竟然拿你和別人比較，你當然生氣起來，在朋友和戀人的心中自己不是完美的化身還不如分開。

32. 你留給別人的第一印象是什麼樣的？

如果你現在有以下五個祕密，那麼你最不希望讓情人知道哪一個？

> A. 你有億萬財富
> B. 你是變性人
> C. 你得了癌症
> D. 你有特殊癖好
> E. 你以前的情史

測試結果

A | 你給人的第一印象是「古板」的人
標準的上下班打卡的乖乖牌公務人員就是你。
你在性格上老實善良，在生活上比較保守拘謹，
給人的第一印象就是保守。

B | 你給人的第一印象是「花癡、色坯」
從眼神到舉手投足都讓人覺得你在放電發騷。

你很自信，自然會放電吸引人，年輕時放電還可以，可是如果上了年紀還繼續放電，就會讓人家覺得你是花癡。

C 你給人的第一印象是──怪人

你很難接近，不知道你腦袋裡都在想什麼。具有藝術家的性格，相處的時候會讓人家有距離感，會讓人家想要知道你在想什麼，雖然怪，但是怪得有藝術家氣質。

D 你給人的第一印象是──路人甲

別人覺得你在人群中不顯眼，平凡沒特色。自由自在的生活是你所嚮往的，容易跟大家打成一片，讓人覺得你很隨和。

E 你給人的第一印象是──新好男人/女人

你條件優、人氣旺，非常搶手。你有完美主義性格傾向，一出場就會表現出你最完美的形象，因此給人的第一印象非常好。

33. 禮物測試你是否讓人很討厭

今天朋友送你生日禮物，你最希望收到什麼呢？

A. 衣服或配飾
B. 什麼都可以，只要不是垃圾
C. 錢
D. 去吃大餐

測試結果

A 你愛出風頭、愛炫耀的個性讓周圍的人討厭！

你是一個喜怒哀樂全寫在臉上的人，你喜歡當
團體中最醒目的那一個，如果希望人緣變好的
話，那就低調一點吧！

B 你自負的個性讓周圍的人討厭！

你對自己的專業相當有自信，但是說出來的話

往往會讓四周的人覺得你在把他們當笨蛋！如果希望人緣變好的話，那就少一點批評吧！

C 你斤斤計較的個性讓周圍的人討厭！

實際上你只是不想有麻煩事或是很堅持而已，但私底下朋友們可能都認為你是個很愛計較的人。請朋友吃飯是展現大方的方式！

D 你貪小便宜的個性讓周圍的人討厭！

如果哪裡有免費的禮物或是抽獎一定不會少了你的身影，你巴不得每天都有這種好事，實際上你周圍的人對於你的行徑或許都有點傻眼！

☆ **【如何看人】**

生活中有幾種人：

第一種人有常識，沒有思想，但也沒有思想的反面——教條。他們是健康的，像動物一樣健康。

第二種人有常識，也有教條，各有各的用處。工作用教條，生活靠常識。他們是半健康的。

第三種人缺乏常識，全然受思想的支配，或者全然受教條的支配。從常人的眼光看來，他們是病人，前者是瘋子，後者是呆子。

34. 遇到磨人的人，你會心軟嗎？

朋友邀你出去玩，可是你並不想去，你最有可能：

A. 礙於情面，去露個臉
B. 如果朋友不斷邀請就去
C. 找藉口不參加
D. 不管朋友説什麼都不去

測試結果

A 你相信人性本善，你單純的心猶如稚童，看到別人的一丁點兒痛苦都會難受，受不了太大刺激。你容易被人利用，成為別人欺騙的對象。因此，要特別注意身邊哪些是小人，哪些是朋友。

B 你原本善良，不過在別人的渲染下，也相信了世道險惡，不得不逼自己硬下心來，生怕被欺騙。但你往往禁不住別人的死纏爛打，免不了一時心軟。不要因為對少數的負面喪失了對生活的信心。

C 生活中的風風雨雨讓你疲於應對，現實的壓力讓你的天真漸漸消失。你的感情隨著慾望漸漸變冷淡，不再容易被感動。

D 你的成長經歷過於複雜，因此在你的心裡留下了一個黑暗的世界，讓你不太相信別人，更不容易被打動，毫無溫柔可言。你用消極的態度對待這個無情的世界，眼裡很難看到正面積極的東西。

35. 你是一個討人喜歡的人嗎？

有一個年輕人手提一個精緻的竹籃，籃中的東西是打算送給白髮老者的，老者就站在他的面前。你認為籃子裡面裝的東西是下面哪一種呢？

A. 桃子
B. 鮮花
C. 烤鴨
D. 蔬菜或者其他水果

測試結果

A 你是個比較討人喜歡的人。你知識豐富、個性開朗，且極具幽默感，能適應社會，並能從生活中體會獨特的樂趣。

B 你是個心直口快的人，在某些人面前你是受歡迎的。你比較爽快，答應別人的事從不會忘記。你通常只做自己想做的事，個性獨立而且意志堅強，是可以信賴的類型。

C 你總是能考慮到別人喜歡聽什麼話，也能考慮到他人的實際需要。能體會到生活的樂趣，但更多的是考慮現實的生活問題。你很實際，也會給別人帶來實際的東西，所以還是挺討人喜歡的。

D 你是一個滿足於現狀的老實人，心地善良不會說謊，而且十分有愛心，是受人歡迎的類型。

☆【如何成為一個有吸引力的人】

1. 不抱怨生活，努力去想解決問題的方法。
2. 不貪圖安逸，勤奮工作。
3. 感受友情，廣交朋友。
4. 降低負面影響，少接受負面消息。
5. 生活有理想，樹立目標，珍惜時間。
7. 給自己動力，有規律的生活。
8. 心懷感激，把注意力集中在快樂的事情上。

你是 好人緣 還是 厭人怨 ？
測試自我交情親和力的
108則 心理測驗　083

36. 交際中你是什麼形象？

　　你在學校度過的時間裡，特別是心理上極度叛逆的時期，你覺得老師身上最讓你不能忍受的是什麼？

A. 情緒不穩定，容易歇斯底里，對學生實行精神壓迫

B. 專制，不聽取學生的意見

C. 不公平，偏袒所謂的好學生

D. 對學生使用暴力

測試結果

A 這個選擇事實上是你的「自我缺陷」的自然暴露。

一遇到什麼不如意的事，你就會「歇斯底里」，不是四處大聲叫嚷，就是突然大聲哭泣。

你這種自我表現的方式太過幼稚，而且很容易引起別人的情緒疲勞。為了使人際關係更加融洽，你必須對周圍的人多一份愛心，同時要注意克制自己的情緒。

B 你具有站在陣列前將周圍人猛推向前的統率能力，在團體中往往有著決定性的作用。但是你需要有多吸取周圍人意見的謙虛態度，否則，最終有可能誰也不會再順從你。

你的缺點，就是很少聽取他人的意見和建議。

C 你可能有心理恐慌症的表現。你的交際範圍容易往縱向深入，而很難向橫向擴展。你往往把自己討厭的人徹底排除在外，似乎只願意與某一個特定的人建立更好的關係。

所以，你屬於不善擴大交際圈的一類人，你甚

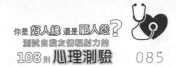

至會要求與你關係親近的友人「不要與不喜歡
的人交往」，你要懂得博愛的內涵。

D 你的處世方式是很危險的。你的缺點是動輒變
得粗暴無禮，你的問題不僅表現在行為上，而
且語言暴力也很激烈。假如是對方態度惡劣導
致你正當防衛還情有可原，而你往往是稍不如
意就出手或出口傷人。
一定要注意控制自己的情緒，你很容易會和不
瞭解你的人產生激烈的衝突。

37. 你的性格開朗嗎？

今天是你的生日，在參加你生日派對的客人當中，有下面四位重要嘉賓，你會選誰坐在你身邊？

A. 著名運動員

B. 劇作家

C. 電影明星

D. 易學專家

測試結果

 你的性格比較開朗，喜歡社交活動，具有領導才能。你在朋友和同學的小圈子中很受歡迎，而別人也很願意服從你的意願，你也很受異性朋友的歡迎。

B 你是個很細心的人，對周圍瑣碎的事也特別留心，別人有問題時也喜歡跟你商量，因為你很願意聆聽別人的心事，又常常能給對方一些很好的建議。但同時，你也是情緒易波動、易受環境影響的人。

C 你有樂天的性格，為人處世非常大方，擁有率直可愛的個性。如果你不喜歡，就會很明確地告訴對方。你是那種喜怒均形於色的人，這種性格可能會讓你得罪一些人，但也會因此交到知己。

D 你的性格有些神經質，若碰到不愉快的事你就會整天不高興，經常沉著臉，令人不敢跟你接觸。因此你的朋友也不會很多，更少有好朋友了。建議你不妨多控制一下自己的情緒。

☆ 【人生四不要】

1. 不要把煩惱帶到床上，因為那是一個睡覺的地方。

2. 不要把怨恨帶到明天，因為那是一個美好的日子。

3. 不要把憂鬱傳染給別人，因為那是一種不道德的行為。

4. 不要把不良的情緒掛在臉上，因為那是一種令人討厭的表情。

38. 你適合跟什麼人在一起？

現在就來測測看吧，你最喜歡的季節是？

A. 春天

B. 夏天

C. 秋天

D. 冬天

 測試結果

A 相信你是個很可愛的人！周圍的人跟你相處一定很愉快。你適合跟一個隨和，而且年紀跟你差不多的人在一起。

B 你個性樂觀，充滿活力，大部分的時間都像一個孩子！你適合跟一個成熟穩重的人在一起，或是跟像你一樣開朗樂觀的人在一起。

C 你是個友善、懂得如何與人相處的人，但是很容易被周圍的人所影響。你適合跟一個比較有主見和有自己想法的人在一起。

D 你成熟穩重，心思細膩，也有點陰鬱的性格，可能比較有主見和想法。你適合跟一個大你很多的人在一起，這樣溝通上不會有太多的困難；你也可以跟一個比較孩子氣的人在一起，對方會幫助你找回赤子之心。

39. 你是個容易接近的人嗎？

假設你剛剛買了一間新房子，打算買個花瓶來裝飾屋子。那麼，下面的四種花瓶你會選擇哪一種呢？

> A. 大口徑的花瓶
> B. 樸實莊重的花瓶
> C. 瓶頸長的花瓶
> D. 形狀怪異的花瓶

測試結果

A 你常常給人和藹可親的感覺，深受周圍人的喜愛，你的交際範圍比較廣。實際上，你的內心很畏懼寂寞，希望身邊有許多可以交心的好朋

友相伴。雖然你周圍的朋友很多，但總難免會產生小摩擦，這時會使別人感覺到與你有距離。

B 你在別人眼中是一個表裡如一的老好人，你能夠給周圍的人帶來安全感。這種特性讓別人以為你整天無憂無慮，實際上你也會時常感到憂鬱。

C 你屬於嚮往浪漫與優雅的理想主義者。雖然你有著較強的自尊心，並且極其厭惡虛偽，但是你在與別人交往的時候往往無法真實地表達自我，所以與別人的交往也大都停留在形式上。你認為人生得一知己足矣。

D 你給人的第一印象常常是難以接近的，但是經過一段時間的接觸後，你周圍的人就會慢慢注意到你身上所特有的魅力。你不善於推銷自己，與別人初次見面也不擅言辭，所以你的交際能力並不是很強，朋友也不是很多，但是多數朋友和你的交情都很深。

40. 你的性格孤僻嗎？

一個週末，你和幾個好朋友來到KTV唱歌。在KTV的包廂裡，你通常會做什麼？

A. 一言不發的坐在一邊

B. 想唱卻又難以開口

C. 唱歌或和朋友瘋鬧

D. 多數時間都在發簡訊

A 你是一個很孤僻的人，因為你對周圍的人缺乏應有的信任，將人和人的交往僅僅停留在表面

而不希望更加深入。在別人眼裡你是一個很穩重而且口風很緊的人，其實這是因為你對別人的事情根本就不關心。

B 你會因為不能融入周圍環境而感到孤獨，可是你卻不願意走出去或者改變自己的想法，你是一個很固執的人。你內心很沒有安全感，卻不會對別人明說。你很敏感，對周圍的事物容易產生懷疑，因此也很難對別人敞開心扉。

C 你的身邊有很多好友，而且你已經習慣了朋友們的陪伴，如果沒有人陪伴，你就會感到很不安。其實你對周圍的人並不是完全放心，但是你不會明顯地表現出來。有著這樣生活習慣的你，算不上一個孤僻的人。

D 你是一個有些自我的人，並不會覺得孤獨有什麼不好。你希望自己需要別人陪伴的時候就有人在身邊，不需要的時候就能夠一個人。這樣的你，在別人看來似乎有些孤僻。

☆ 【沒有安全感的孩子都這樣】

1. 自己走路會很快。

2. 習慣晚睡。

3. 隱藏心事。

4. 喜歡有口袋的衣服。

5. 習慣抱著手臂。

6. 習慣冷戰。

7. 喜歡窗戶，喜歡角落，習慣蜷縮。

8. 喜歡寫字和閱讀。

9. 不愛說話或很愛說話。

10. 總愛琢磨別人的話。

11. 有點迷迷糊糊。

12. 感情細膩敏感。

41. 你容易被人接受嗎？

朋友搬了新家，邀請你去參觀。你發現在寬敞的客廳裡，牆上掛著一幅畫。你認為這幅畫的內容是什麼呢？

A. 演藝界或體育界的明星
B. 世界著名畫作
C. 北極夜景
D. 含苞待放的百合花

測試結果

 你活潑開朗，活力十足，人際關係很好。只要有你在絕對不會冷場，你周圍的人也都很樂意和你相處。

B 你不喜歡隨波逐流，有時候顯得有些另類。也許你會受到一部分人的崇拜，但是過分追求與眾不同會造成與外界格格不入的局面。

C 你生性謙恭平和，和周圍的人關係也很不錯，即便是人際關係有不盡如人意的時候，你也會謙讓或妥協。這樣的你，有時候會給別人「老好人」的印象。

D 你不太喜歡喧鬧的場合和複雜的人際關係，也不喜歡為了敷衍而說謊，你總是顯得不擅言辭，而是順著大家的意思，讓人覺得你很好相處。這樣的你，很容易讓人接受。

42. 與人交往你有耐性嗎？

期末考試結束了，你和朋友一起去郊外野營。誰知走到半路，你發現自己忘了帶一樣東西，你覺得會是什麼呢？

A. 零食
B. 牙刷
C. 雨傘
D. 手機

 測試結果

A 你待人缺乏耐性，只顧完成自己的事，所以朋友們就會覺得你不關心別人，甚至覺得你是以自我為中心的人。

B 你對周圍的事物都很瞭解,有時你很虛偽,反覆思考之後才說話是你的本能。為了證明自己是對的,你常會振振有詞地堅持自己的意見。

C 你很關心別人,別人的小事也會令你牽掛。表面上你很勇敢,但內心深處卻隱藏著恐懼。你喜歡細數自己曾犯的錯誤,吹毛求疵地說自己本來可以做得更好。

D 你常將好勝的一面隱藏起來,和別人競爭時,你不會用暴力,只會在言語上進攻,也不會承認自己是個冷血的人,但你確實特別容易觸怒身邊的朋友。

43. 你經常得罪人嗎？

朋友介紹給你一個新朋友，他向你走過來，你猜他會：

> A. 跟你很疏遠，不夠大方
> B. 主動靠近並拍你的肩膀，跟你稱兄道弟
> C. 搶著講話，油腔滑調，把你當聽眾
> D. 不停地問你個人問題，像身世調查

測試結果

A. 你是一個性格內斂但企圖心又極強的人。你很想擁有一個圓滿的人際關係，並與陌生人建立起好的接觸點。

不過，你總認為主動搭訕是很傷尊嚴的，所以只要遇到這種情形，你就會不自覺地把自己的期待套在別人身上。一旦別人不能依你的期待表現，你就會對對方產生反感。因此，你這種主觀的期待很容易得罪別人，當然也很容易因此而樹敵。

B 你的自我保護心理比較重，對陌生人你總是會不自覺地想要保持距離。由此可推論，你的敵人通常都是那種有自大傾向、不尊重你的人。為了減少你的敵人，有時候你的反應不要太激烈，也許人家不是惡意的，只是個性比較大方罷了。

C 你是一個很討厭當聽眾的人。說明白一點，就是你不喜歡在人際互動中老是處於被動的地位。所以，你的敵人通常就是這些演講狂，或者是那些不想讓你發表意見的人，特別是那種油腔滑調的人，更讓你覺得不可靠。

D 你是一個有點自我封閉、想保存多一點隱私的人。所以面對想控制他人的人，你會覺得壓力很大，你會對給你太大壓力的人反感。

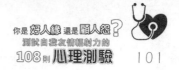
你很討厭不停地發問、調查你的背景的人。而
對於朋友拿你的背景和個人問題做文章或開玩
笑，你也會很生氣，很有可能你就是這樣得罪
人的。

☆【不要怕某種性格會得罪人】

世界上沒有任何一種性格能避免得罪人，說話直的
會得罪小人，說話委婉的會得罪急脾氣，老好人會
得罪有原則的人，圓滑的人會得罪聰明人⋯⋯

既然都會得罪人，那就做你自己，做好了自己，就
不怕得罪人，因為你可以承擔後果。

44. 你的性格對別人有何影響？

現在請從下面的幾個畫面中選出你認為最美的一個。

A. 暴風雨中的樹

B. 乾枯的樹枝

C. 低矮的灌木

D. 雪地裡的松樹

E. 茂密高聳的大樹

A 你很容易和周圍的人發生衝突，人際關係欠佳。你常憤世嫉俗，是那種反抗心理很強的人，甚至一些好朋友都會因無法忍受你的個性而疏遠你，所以你最好還是反省一下自己。

B 你比較另類，很容易產生失落情緒。另外，你也容易給別人留下多愁善感的印象，你適合比較有創意的工作。

C 你有著紳士般的堅定和從容，你的道德觀念比慾望更強。

你為人比較保守，喜歡規規矩矩，對別人的大膽行為總是難以理解。所以你要試著改變自己，接受別人的生活方式。

D 你充滿了浪漫與激情，即使在荒無人煙的小島，你也能自得其樂。對於愛情，你永遠保持期望但不強求的態度。

E 你是一個開朗大方、心胸寬廣的人，你不拘小節、不斤斤計較，旁人也喜歡你豁達的性格。

☆【如何給別人留下深刻的印象】

在日常的人際交往中，我們會發現有的人很容易讓別人留下深刻的印象；有的人與人朝夕相處，卻未在別人的心中掀起波瀾。出現這種現象，就是由於人的個性不同。

一般來說，鮮明、獨特的個性容易給人留下深刻的印象，而平凡的個性則很難給人留下什麼印象。因此，為人處世都要有自己的原則，不要人云亦云或隨波逐流，要保持自己的本性，這樣才會受到別人的歡迎。

45. 你能與朋友們相處得很融洽嗎？

今天是你的生日，你興致勃勃地請到一些同學和同事來參加你精心準備的生日宴會。新朋舊友齊聚一堂，其中有一個傢伙居然穿著一身「乞丐服」，這使你覺得渾身不自在。請問你會如何處理這件事？

A. 直接對他說：「你不覺得破壞了今天的盛會嗎？」

B. 在背後貼個標語整整他

C. 調侃道：「不錯嘛！這身打扮很適合你。」

D. 一句話都不說，一笑而過

E. 間接地提醒他，並說出自己的感受

測試結果

你的個性十分直爽，做事從不拖泥帶水。這種性格最顯著的缺點就是不給自己和別人留後路，容易得罪人。

B 你的方式總是很特別，而且容易和周圍的人打成一片。不過要注意場合和分寸，方式不能太過激。

C 你總是喜歡故作神祕狀，善於和顏悅色，頗有人緣。你的危險之處在於說話時流露出的惡意的諷刺，這樣很容易傷人的。

D 你總是不肯表達對別人的看法，讓人覺得很冷。不擅人際關係是你的隱憂，你的本質較為內向，行事太過保守。

E 你始終不能和親戚朋友以不拘小節的方式進行溝通，人際關係雖好，但不見得真實。即使是你再親密的朋友，總給人一種刻意經營的感覺。

46. 從喜愛的房子瞭解朋友圈

　　準備開始一個人生活在找房子的你，選客廳大一些的，鄰居住有名人的，還是大象也踩不壞的房子？每個人都有各自的挑選方法吧。那麼你的最低要求是什麼？在房租和房間大小都一樣的情況下，你最重視以下哪個條件呢？

A. 上班或上學方便的
B. 新裝修的、漂亮的
C. 光照條件好的
D. 離商店近購物方便的

測試結果

A 明確來說，你要的是可以來聽你的任性話，無論是約會時還是平常相處時，全都會來附和你的人。

B 很在意別人眼光的你，希望走在一起的人是令你驕傲的類型。你選擇在朋友們面前亮相的人，有一點只要外形好內涵稍差也可以忍受的趨向。

C 像沉默寡言的運動員那樣子的、很獨立的人，無論外貌如何，只要能夠在精神上依賴的，就是能夠和你在一起的人。

D 會講很多笑話啦，知道流行的約會場地，會調動氣氛……這樣的人能滿足你的好奇心。

☆【心理學之做人六字訣】

1. 靜：少說話，多傾聽。
2. 緩：穩重做事，不急不躁。
3. 忍：面對不公，別氣憤，別宣洩，忍讓是智慧
4. 讓：退一步，海闊天空。
5. 淡：看淡些，很多事情隨著時間會變成雲煙。
6. 平：平凡，平淡。

47. 你哪一點最惹人厭？

用完新買的保養品，發生下列哪種狀況，最讓你感到害怕？

A. 臉越擦越黑
B. 頭髮越洗越掉
C. 抹完唇膏嘴唇紅腫
D. 塗完瘦身霜身體紅腫

測試結果

A 你的脾氣太直太衝，有的時候會讓很多朋友難以忍受。你要檢討一下，改一改暴躁的脾氣。

B 愛情對你來說還是比較重要的，如果單獨約會的感覺不錯，那你是非常不希望被朋友打擾的。不過在單身的時候，你就會覺得朋友很重要。所以你似乎有點重色輕友。

C 雖然你賺的錢並不少，可是你真的很小氣，有的時候太過於斤斤計較。建議你還是要偶爾大方一下，請大家吃個飯，這樣彼此感覺會好很多。

D 你個性很直率，真的是想到什麼就說什麼，很多的祕密就從你的嘴巴裡說出來了，所以大家都不會讓你知道很多事情。不過你有時還是很可愛的，可愛是一件好事，但大嘴巴的習慣應該改一改。

☆ 【交往應注意的7種心理】

1. 自卑心理——磨損你的個性。
2. 怯懦心理——深思熟慮都不敢表達。
3. 猜疑心理——無端猜疑、捕風捉影招人厭。
4. 叛逆心理——愛抬槓來標新立異。
5. 做戲心理——做表面文章，沒有深情厚誼。
6. 貪財心理——互相利用，過河拆橋毀了自己。
7. 冷漠心理——態度孤傲，讓人難以接近。

48. 交朋友，你遵循什麼原則？

假如有一天你在深山裡迷了路，忽然看見一隻小兔子，小兔子一蹦一跳地帶你來到一個鳥語花香的人間仙境，你第一眼最想看見的是？

A. 和藹慈祥的老公公
B. 在家門口嬉戲的小孩
C. 在市集上做生意的人
D. 在河邊唱歌洗衣的少女

測試結果

A 對於交友，你從來都不強求，不會主動和哪一種類型的人在一起，更不會攀龍附鳳地交一些

和自己生活理念不同的人；你喜歡自然、隨性
的交友原則。

B 你的個性孤僻，對於交朋友這件事不太關心，
在人群裡你就像一個獨行俠，不會去管別人的
閒事，也不希望別人介入你的生活，你的朋友
寥寥無幾。

C 你不強求有幾個推心置腹的朋友，你希望自己
是一個交友廣泛的人，你希望自己的朋友都可
以依靠。

D 你是一個憑自己的感覺交朋友的人，交朋友重
質不重量，如果你覺得對方人不錯，你就會想
盡一切辦法和對方成為好朋友；如果你覺得對
方和你不是同路人，你就不會搭理他。

49. 你的交友態度如何？

獨自一人搭公車或火車時，你會有什麼小動作呢？

A. 搖頭晃腦地聽音樂

B. 看隨身攜帶的書或工作資料

C. 眼睛瞪著窗外發呆

D. 呼呼大睡

測試結果

Ⓐ　你是個外冷內熱的人，除非是很熟的朋友，否則你絕對很少主動對人表示熱情。不瞭解你的人，會覺得你蠻內向，也有點冰冷，但其實私

底下在一堆熟人面前的你，可是話多又熱情，
一點也不冰冷呢。

B 你是典型的悶騷一族，不管熟不熟，在眾人面
前，你總是擺出一副沉默是金的模樣，所以在
團體中，你甚至常被忽略。
但是只要和一兩個知心老友在一起，你就馬上
原形畢露了！

C 你對朋友一向是來者不拒，只要差異性不太大，
基本上你都樂於和對方交個朋友。不過你很少
真正和朋友聊心事，除非是你相當認可的知己，
否則你大部分時候都是聽別人訴苦。
和你相交許久的人，都不見得會瞭解你真正的
想法！

D 在朋友眼中你是個開心果，不管親疏遠近，你
總是會以最直接、率真的一面示人，不故作姿
態。但這並不代表你是個完全樂觀開朗的人，
只是你覺得在別人面前耍寶，自己也能開心，
這是件兩全其美的事，所以你樂於去做開心果。

☆【交友七看】

一、看他有沒有朋友，有什麼樣的朋友。

二、看他怎麼花錢，都把錢花在了哪。

三、看他說話關鍵詞的曝光量，以判斷他的心理、
思想傾向以及價值取向。

四、看他有什麼嗜好和偏好。

五、看他是否尊重別人。

六、看他對事物的基本態度是怎樣的。

七、看他的道德水準和誠信度如何。

50. 朋友對你的感覺如何？

　　你的一位好朋友生病住院了，你準備買點水果去探望他，面對各式各樣的水果，但你只能買一種的話，你會選擇下面哪一種呢？

A. 葡萄

B. 香蕉

C. 西柚

D. 蘋果

E. 梨子

F. 橘子

G. 櫻桃

H. 木瓜

測試結果

A 你在朋友的眼中,是一個想像力豐富、個性突出的人。你給人的第一印象雖然冷冷的,但是接觸久了,別人就會感覺出你非常善良溫柔。

B 你在朋友的眼中,是一個性格開朗、隨和的人。你不管和誰都能打成一片,雖然你有時會任性、倔強,但你很懂得和朋友的相處之道。

C 你在朋友的眼中,是一個完美主義者。你有著崇高的理想,不甘平凡,而且你是一個求知慾特別強的人,會關心身邊的任何事物,對自己的要求也相當高。

D 你在朋友的眼中,是一個細心周到的人。你對待事情很認真,很講禮貌,做事很有分寸,是一個腳踏實地的忠實友人。

E 你在朋友的眼中,是一個非常謹慎的人。你會朝著自己的目標努力前行,生活節奏相當快,追求高品質的生活。

F 你在朋友的眼中，是一個性格溫和的人。你不管跟誰相處，都是非常和睦溫馨的，你是一個讓人非常有安全感的人，誰都願意跟你交朋友。

G 你在朋友的眼中，是一個擁有高尚氣質、非常敏銳的人。你在時尚和流行方面比較擅長，且會帶動你的朋友們追求時尚。

H 你在朋友的眼中，是一個十分愛刺激、喜歡挑戰的人。只要是新鮮的、刺激的、富有變化的東西，你都感興趣並且想去嘗試。

51. 你的心理空間有多大？

　　早起去上學，在電梯裡遇到一個陌生人，而且就只有你們兩個人，你會：

A. 雙手抱胸，頭向下看著地板
B. 面無表情，只是看著電梯的樓層燈
C. 微笑，等對方開口再跟對方說話
D. 主動和對方搭話

測試結果

A 你是個心理空間十分狹小的人。你對自己極端沒有信心，而且有很大的不安和恐懼心理，甚至有自我封閉的傾向。

B 你的心理空間比較狹小，是一個自我安全領域很窄、自我防衛意識比較強的人。你常敏感地認為自己受到了威脅。

C 你的心理空間屬於比較正常的範圍。在你的個人領域裡，你會覺得很有自信，一旦超過了這個範圍，你就會覺得有些力不從心。你不會主動去入侵別人的領域。

D 你的心理空間要比一般人大，對別人的恐懼感也比較弱。你會把對方當作客人一樣看待，對別人很有信心，你的性格比較適合做公關人員。

☆【心理空間】

心理空間較大的人，思維的綜合能力、補償能力、整合能力都能夠得到較好的調動，而且其伸張性和廣延性也較好。

反之，心理空間較小的人，其思維的活動餘地就不大，獲得的知識不能在這個空間裡得到充分的融合，人的心胸就會狹窄，思維定位就低，信心意志也就相對缺乏，對挫折和危機的承受能力就差。

52. 在朋友心中你夠體貼嗎？

　　有兩個人相約在車站的驗票口碰面，結果一人遲到了。其中一人開口對另一位說：「等很久了吧！」面對這句話，另一位的反應是？

　　A. 剛等一會兒
　　B. 有事耽誤了吧？
　　C. 你老是遲到！

　　A 你刻苦耐勞又體貼，細微之處都會留意對方的感受。大多壓抑個人的情緒，而以服務他人為目的。建議你適度排解情緒，放鬆自己的心情。

B 你是所謂的合理主義者。凡事講理求實，尋根究底。你待人的態度往往取決於別人，在心理學上被叫作「無罰型」。

C 你凡事喜歡批評論斷，經常把不滿、不平掛在嘴上。所謂「替別人著想」的體貼，幾乎很少出現在你身上。

☆ 【圈子決定命運】

1. 雄鷹在雞窩裡長大，就會失去飛翔的本領。野狼在羊群裡成長，也會愛上羊而喪失狼性。

2. 和聰明的人在一起，你才會更加睿智。和優秀的人在一起，你才會出類拔萃。所以你是誰並不重要，重要的是你和誰在一起。

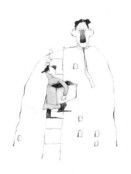

53. 你是別人怎樣的朋友？

你對朋友說：「你在哪？拍張照傳給我吧。」想像一下他傳過來的是什麼樣的照片呢？

> A. 他和同伴的合照
> B. 吸引他注意力的東西
> C. 只有景物，沒有他本人的照片
> D. 他本人的大頭照

A 他認為你有協調能力、平易近人、容易相處，但是，如果他聽到別人對你有否定的意見，就會疏遠你。他不會馬上表露自己的真實想法，而是偷偷地試探你的價值觀和想法，由此來確定你能不能成為一個值得信賴的朋友。

B 他認為你是一個可以理解他的朋友，他認為你和他有共同的感受。他喜歡那些理解他的愛好，並且認可他才能的人。但是他容易鑽牛角尖，一旦發現你並不是他想像的那樣，就會輕易地感到失望，產生「真沒想到你會是這樣的人」的想法。

C 他認為你是一個可以互相交流興趣愛好的朋友。他在電影、音樂、讀書等方面和你有著共同的話題，希望跟你成為可以互相借借CD、交換訊息的朋友。但他並不希望你干涉他的私事，他也不會過多地干涉你的私事。他不太喜歡跟過於張揚或自我主張很強的人成為朋友。

D 認為你是像競爭對手一樣的朋友。他追求一種可以成為競爭對手的朋友關係。他希望和那些能使他產生永不服輸的想法、激起他鬥志的傑出人物成為朋友。他把你當成了這種朋友。他對那些辦事拖沓、沒有朝氣、平庸的人沒有多大興趣。

54. 你是否會被朋友利用？

你和幾個朋友一起去搶劫，結果案發後其他人都跑了，只有你被抓並被關進監獄，且受到非人的待遇，這時候你會想：

A. 再苦我也得挺住，不能出賣朋友吧

B. 為什麼是我被抓呢？看來得坦白從寬，問什麼說什麼吧

C. 我會不會被判刑？如果判刑的話會判多久？這裡太苦了

D. 非常後悔做了這件事，但為了朋友不會吐露半個字

測試結果

A 你已經被人利用了,這個人不是你朋友就是你身邊最接近的人,多留心點。

B 你沒有被人利用,你在朋友當中是個好樣兒的。

C 你已經被人利用過了,所以你現在總交不到好朋友,不是你不想交,而是害怕交不到知心朋友。

D 你很容易被人利用,雖然在親人眼裡你各方面都不錯,但是在朋友眼裡,尤其是在同性朋友眼裡你會被人看得很傻。

55. 你在朋友圈是什麼形象？

夜裡，公車上總是有很多空位子，你可以隨便選擇自己喜歡的位置坐下，通常你會選擇：

A. 靠近司機的前排座位

B. 靠窗的座位

C. 靠近後門的座位

D. 旁邊有人的座位

測試結果

A 你時刻跟在領導核心的周圍，是因為你害怕遠離隊伍而失去在團隊中的價值。小心別人誤會你哦。

B 你在社交方面總是同他人保持一定的距離，是個明哲保身的典型。即便是朝夕相處的同事，你也是刻意保持著相應的距離。

保持距離是正確的，但是太過了只會讓你變成孤家寡人。

C 你時刻打算開溜，是個投機分子。團隊中的人只能當作可以利用的對象，一旦沒有利用價值，你就會將其一腳踢開。你可要當心被團隊拋棄。

D 你害怕單獨出現在任何場合，有朋友在身邊你才感到安心。你的焦慮大都是有對象和內容的，比如考試焦慮、社交恐懼等。在團隊中你的這種表現雖然可以讓夥伴感到他們很有能力，但是這樣的你只會是隊友們的負擔。

56. 檢驗你的友情輻射力

你在朋友圈是傾聽者還是主導者？朋友都是圍著你轉的嗎？來看看你在朋友圈的個人魅力吧！你認為以下物品中哪個比較有趣？

A. 智力拼圖
B. 望遠鏡
C. 魔術方塊
D.萬花筒

測試結果

個性獨特、魅力十足的你天生就是人氣王，對流行見解獨到，無論走到哪裡都話題不斷，也是大家關注的焦點哦！

B 開朗健談的你是人見人愛的人，活潑又不失優雅，熱愛一切與美有關的事物，特別喜歡與同性朋友一起探討潮流資訊。

C 你有幾分神祕的味道，想法多變，有時候愛躲在房間裡聽音樂看碟片，有時候又愛湊熱鬧，常常邀約一幫朋友盡情HAPPY！

D 愛耍寶的你個性外向，充滿陽光氣息,音樂、運動等都是你的興趣所在，因此，你比一般人有更多機會結識更多朋友。

☆ 【接受每次邀請】

從心理學上來說，多和來自社會各個層面的人接觸能幫助人建立積極的心態，提升快樂感。

社交圈子太窄的人容易抑鬱，與不同的人交流能分散人的注意力，使人不糾纏於同一件事情，而且交談間的大笑會促使身體釋放快樂激素。所以，請把聚會邀請看作一次開心放鬆的機會。

2

人緣大師——參透人情世故 是情商的最高境界

　　高情商的人懂得交往的藝術，善於洞察並理解別人的心理，設身處地為別人著想，領悟對方的感受，尊重他人的意見。因此，他們擅長人際溝通，人際關係融洽，在複雜的交際環境中顯得游刃有餘，他們更容易成為圈子裡的領袖、團隊裡的核心。

01. 你的人際關係穩定嗎？

張、王、楊三家的房子像三角形一樣分布，每家各佔一個角，他們打算種一棵樹。那麼你認為樹應該種在哪裡呢？

> A. 種在三幢房子的正中間
> B. 種在張、王、楊任意一家的旁邊
> C. 種在任意兩家房子的中間
> D. 種在三家房子以外

測試結果

現在你的人際關係非常穩定，你能夠協調好與朋友的關係。你不會拉攏結伴搞小團體，而是

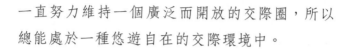

一直努力維持一個廣泛而開放的交際圈，所以總能處於一種悠遊自在的交際環境中。

B 你經常被誤以為是直爽、無憂無慮的人，但實際上你可能有許多不願訴諸別人的隱憂。你不跟特定的人保持深交，與所有人都保持公平、全面的交際。你待人客氣，總是用含笑的眼睛觀察揣測對方的反應：他究竟是怎樣看我呢？

C 你待人忽冷忽熱，易鬧情緒，常在不知不覺間使喚朋友。你沒有恆心，稍顯散漫，一見苗頭不對就採取消極態度，容易打退堂鼓。

D 你很孤獨，雖然故作瀟灑狀，但內心很寂寞。你正在尋找能夠依託情感的人，可是現在如果有人真心待你，反而會引起你的戒心。

☆ 【人際溝通技巧】

1. 多花些時間和能讓你快樂的人在一起，少些時間和那些讓你感到有壓力的人相處。

2. 絕對不要說別人的夢想是不可能的。

3. 不管你犯了多少錯或者進度多慢，你仍然領先那些還沒開始的人。

02. 你是個社交高手嗎？

一天，你正在咖啡廳裡捧著本書看。突然門口走進一位美女/帥哥，他/她在你身邊坐下，對你笑了笑並且點了一杯咖啡，這時你會：

> A. 也以微笑做回應，然後繼續看書
> B. 默不作聲，繼續看書
> C. 主動與對方攀談起來
> D. 拿起自己的書與咖啡坐到另一張桌旁
> E. 與對方禮貌性地說上兩句，便繼續看書

測試結果

A 你的社交能力還算不錯，但有時顯得有些被動。或許在與人相處中你也有主動一點、想活潑自

然一點的想法，但似乎因為你自身的情況總是無法實現。

B 你的社交能力不是很好呢，在面對他人的時候總是容易拘謹。很多時候的你是處於被動狀態的，甚至他人主動和你說話了，你都會因為緊張而不知道該說什麼。你與良好的社交能力還是有一定距離的。

C 你是個當之無愧的社交高手！無論什麼人，你都能很快地和對方扯上關係並且處得很好。即使是面對陌生人，你也能做到輕鬆自如，不緊張地面對對方，能很快地和他人打成一片。你在社交上絕對沒什麼問題。

D 你已經不是交際能力差的問題了，可能還有些自閉！你是個不願意和他人有過多接觸的人，甚至對方僅僅是接近你都讓你感到難受。或許是曾經發生過什麼影響了你，讓你對人有很強的戒心。

E 你的社交能力算是好的，能夠自如地表達自己，也不會緊張、怯場。但你似乎並不是那種非常喜歡與人打交道、與人交往的人，所以在他人

看來，可能你是一個有禮貌的人，卻不是可以親近的人。

☆【交友四步曲】

1. 搭訕最好的辦法是微笑。

2. 開始交往，過去最好的辦法是借書，借一次還一次，順便討論一次。

3. 把一般朋友變成自己人最好的辦法是求他辦事，他或許會忘了你幫過他，卻絕不會忘了他幫過你。

4. 交知心過命朋友最好的辦法是知心過命。相處有技巧，交心沒技巧。

03. 從收藏古董看交友

　　一個國家的富強，從文化水準上就可以看出端倪；一個地位尊貴的人，有了藝術氣質會更完美。

　　假如有氣質又有錢的你，想要參加國際拍賣會，收購一些古董，附庸風雅一番，那麼，你會先收藏下列哪一項？

A. 陶瓷

B. 書畫

C. 佛像

D. 玉器

測試結果

A 你善守中庸之道，希望和朋友的交往是有禮有節的。對你而言，朋友是很有用處的，俗話說「出外靠朋友」嘛。可是你又聽多了負面例子，也害怕被朋友陷害，所以也很謹慎。

B 你狂妄的性格總是給自己帶來麻煩，惹得別人對你的臭脾氣有點反感。雖說如此，你卻願以寶劍贈知己，出手十分闊綽，令人驚訝。

C 你是大家公認的好好先生，不太會發脾氣。你寧可自己吃虧，把怨氣往肚子裡吞，卻面無慍色。即使對方很過分，你也只會默默與對方保持距離，不會在人後口出惡言。

D 你喜愛玉石的溫潤質感，也希望自己具備君子之風。朋友很喜歡和你親近，希望能沾染你的風雅氣息。但你也很挑剔，只有你看得上的朋友，才會邀請對方到家裡玩。

04. 誰是你人生中的剋星？

　　在一個社交場合，你有機會見到各個領域的名人，假如你有一個空檔能夠邀請傾慕的人合影，你會找下列哪一種呢？

> A. 大牌演員
> B. 政界紅人
> C. 財團老闆
> D. 桂冠詩人

測試結果

Ａ　你愛聽別人的讚美之詞，幾句甜言蜜語就會把你迷得團團轉。所以你要注意喜歡搬弄是非的

人，他會用讒言迷惑你，而你不會想到是身邊最親近的人出賣了你。

B 你是吃軟不吃硬的人，好聲好氣和你討論通常不會有問題。就怕遇到「直腸子」，不給你面子，讓你當眾難堪，這對你來說實在是太糟糕了。

C 你一向愛和各種人交朋友，可是最怕遇到那種三心二意、猶豫不決的人。每次事先約定好，一切都照計劃進行，偏偏那人半途又說要退出，這不僅影響全局，也壞了你的情緒。

D 你是個自由慣了的人，想去哪兒就去哪兒。所以你的剋星就是愛嘮叨、愛管你的人。你實在受不了別人緊盯著你的一舉一動，每次都能將往日的過錯一條一條拿出來從頭數落。

05. 從搭訕看你的交際情況

　　和陌生人初次見面時，大家打招呼的方式都會有
所區別，每個人反感的打招呼方式，正反映了一個人
的性格特徵。

　　以下幾種打招呼方式，你最討厭哪一種？

A. 主動搭訕

B. 親暱肢體接觸，跟你稱兄道弟

C. 油腔滑調，把你當聽眾

D. 問很多問題，像查家底兒

測試結果

A 你希望能有圓滿的人際關係，可是，你又認為主動跟人搭訕很傷自尊。所以一旦遇到不能滿足你心理期待的人，你就會對對方產生反感。你的這種主觀期待很容易得罪人。

B 自我保護心理比較重的你，跟陌生人不自覺地想要保持距離。你的敵人通常都是那種有自大傾向、不尊重你的人。不過有時候你也不要太過分，也許人家不是惡意的。

C 如果一個人一見面就把你當聽眾，你就會對他產生反感。你不希望別人不尊重你的發言權，所以你的敵人是那些有強烈表現欲、類似演講狂的人，或是不讓你發表意見的人。

D 你有自我封閉傾向，想多保留一點個人隱私。如果一個人一味地詢問你的情況，卻不說明自己的背景，會讓你有很大壓力。

☆ 【社交中留下好印象的10個細節】

1. 接電話時先報自己姓名。

2. 談論時說些有趣的事。

3. 陳述自己意見時，每次都能將意見歸納成若干項。

4. 衣著端莊，挺直腰桿。

5. 主動打招呼和傾聽別人說話。

6. 提出一次自己獨到的見解。

7. 聚會、上班比別人早到或晚走。

8. 主動承擔額外工作。

9. 熱情幫助他人或懂得回報他人。

10. 經常微笑。

06. 社交中你的防禦心如何？

　　一次旅行中你走了好長一段路，又累又渴，突然看到一間小屋，屋門沒關，你順勢走了進去。屋主似乎不在，而在桌上有一杯清澈的水，又累又渴的你會有什麼反應？

> A. 如獲至寶，一口喝下去
> B. 先考慮一下，再小口小口啜飲
> C. 完全不考慮，就是不喝
> D. 不敢喝

測試結果

A 即使面對陌生人，你也以坦然天真的態度回應。過分相信別人是你的致命傷，對人毫無防備之心是會吃虧的，應該適度保護自己。

B 你多少有些閱歷，對事情有獨到的見解，不會人云亦云。你凡事三思而後行，擁有成熟的人際關係。

C 你可能是因為家庭教育與成長環境的關係，對人非常沒有安全感，無法信任別人。其實試著敞開胸懷，你會活得更自在。

D 你對自己的判斷力缺乏自信，是個寂寞而不安的個體。你需要的是培養獨立思考的能力，建立自信心，以構建互動良好、成熟圓融的人際網絡。

☆ 【管住嘴巴的意義】

1. 事情沒完全確認前先不說。

2. 任何祕密，就地消化，到你為止。

3. 說話別誇張，為了一時效果驚人，你要付出很多代價。

4. 口無遮攔者都是只管自己說得爽，不管別人聽的心情。

5. 你總認為你說的話別人不會知道，但其實都會知道。

07. 在社交方面你缺什麼？

　　如果有一天可以看到地獄的狀況，那麼你會想看地獄中的哪一個部分呢？

> A. 地獄的工作人員的休閒生活
> B. 上天堂的人做了什麼事
> C. 閻羅的審判過程
> D. 投胎的過程
> E. 受刑的過程

測試結果

你缺乏穩定的能力

　　你很難被瞭解，思想也與一般人不太一樣。建議你嘗試改變一下與別人唱反調的習慣，如果不是原則問題，就睜一隻眼閉一隻眼吧！

B 你缺乏真誠和感情

　　也許你有商人的基因，但你缺乏感性，不知道

感情的可貴，常給人一種不真實的感覺。你應該在感情上多投入一點，這樣的你會更受歡迎的。

C 你缺乏自主能力

你自信心不足，總是逆來順受，常常在內心跟別人過不去。其實，你可以培養一下自己的興趣愛好，敞開心扉與人溝通和交談，重新規劃生活。

D 你缺乏改變的能力

你很會自我壓抑，能夠忍受孤獨或是隱藏自己不想被人了解的部分。或許你可以嘗試把自己心裡面的想法說出來，讓自己的孤單無助有地方休息。

E 你缺乏同情心

你只注重自己的感覺，對於別人的感覺和痛苦卻會輕描淡寫，覺得沒什麼大不了的。你應該多去關心別人，不要總是沉浸在自己的世界中，否則你的朋友會越來越少。

08. 從等電梯的焦慮看你的社交情況

　　你準備進電梯時，它剛好升了上去，你只差那麼一小步，沒辦法，只好等下一趟了。在等待的過程中，你通常會做什麼呢？

> A. 一直盯著電梯的按鍵，並且按好幾次
>
> B. 雙腳踏來踏去，不停地發出聲響
>
> C. 朝上看，或是看周圍的告示板
>
> D. 注視地面
>
> E. 一直盯著顯示樓層的燈，心想：一開門就要立刻衝進去

測試結果

A 你屬於一想到什麼就去做的行動派。這樣的人比較有幽默感，而且人緣很好。如果從事的是與人接觸的工作，則更容易發揮潛力。

B 你感覺敏銳，甚至有些神經質，能夠憑直覺來判斷事情。你適合從事藝術方面的工作。

C 你是知識豐富、內心優雅的人。由於不喜歡別人看到自己的缺點，所以總會在別人和自己之間築一道牆。你看上去比較冷淡，這類型的人比較適合在理工科方面施展能力。

D 你有點消極，內心所想的事沒辦法坦率地表達出來。但是，這類型的人也非常老實，容易上當受騙。

E 你非常謹慎，很少會從事冒險性工作。這類型的人比較理性，因此深得別人的信賴。

09. 你在社交生活中有什麼心態？

難得工做出現了空檔，你有假期可以出遊。在旅程中，你和朋友漫步走進了一片森林，並在無意中發現了一處隱藏在林中的建築物。依你的直覺，這會是什麼樣的建築物？

A. 小木屋

B. 宮殿

C. 城堡

D. 有住家的平房

測試結果

你是一個能忍別人所不能忍的人，寬大的心胸，使你對任何事物都抱著以和為貴的態度，你基本上是一個完美的人。

B 你是一個思路清晰的人，對於身邊的事物都能有良好的安排，凡事都在你的掌握之中。雖說不上城府極深，但對於複雜的人際關係卻能處理得很好，如魚得水般。

C 你是人際高手，觀察力敏銳，能看透人心，在這方面別人總是望塵莫及，而你也一直以此為豪，樂此不疲。

D 你是一個平生無大志的人，也沒有什麼企圖心。雖然對周圍的感應能力並不差，但你凡事都抱著一顆平常心。這種人的最大的好處就是平凡，沒有煩惱壓力。

10. 有艷遇時你保持理智的機率

如果突然有一筆意外之財，這筆錢對你有很重要的作用，那麼把錢藏在房間的什麼地方才會讓你感到放心？

A. 筆記本裡
B. 錢包裡
C. 抽屜裡
D. 衣櫃裡

測試結果

你是個堅持自己的原則、比較潔身自愛的人，即使有艷遇送上門來，你嘴裡也會喊著「拒絕一夜情」。不過，你心底真正的潛在慾望可是比別人都來得強烈！

B 你的感情很豐富，一旦起了個頭、沾上了邊，就會慢慢地陷進去，甚至會癡迷到無法自拔的地步。在遇上致命的吸引力時，你會飛蛾撲火。

C 你是一個很隨性、跟著感覺走的人。當有艷遇時，你很快就能投入激情裡；而當感覺沒了時，你冷下來的速度也和投入時一樣快。

D 你很清楚自己在做什麼，玩歸玩，但絕對不會誤了正事。遇上強烈吸引你的對象時，你會很乾脆地跳下去玩玩，但你卻不會笨到去玩火。

☆ 【需掌握的處世之道】

1. 得意而不忘形──保持清醒而理智的狀態。
2. 避免與人爭辯──傷人又不利己的無謂之爭。
3. 不要意氣用事──頭腦發熱易惹事端。
4. 切忌逞強好勝──過分招搖只會讓人討厭。
5. 凡事莫斤斤計較──既破壞情緒又損害人際關係。

11. 小小螞蟻測試你的人際關係

你和朋友約好一起逛街，可是朋友遲到了。於是你就開始在地上亂畫。突然，你發現有成群結隊的螞蟻正往前行進。你認為這些螞蟻正在做什麼？

A. 搬家

B. 前往救助掉落洞穴的夥伴

C. 發現好吃的食物，要去搬運

D. 去襲擊侵入牠們勢力範圍的敵人

A 你屬於最具社交性的類型，對於初次見面的人也不會膽怯。因為你總是笑容滿面，所以朋友很多。不過，你對待友人有種無法展現出真心的傾向。

B 你可以說是一個不善交際的人。你心中雖然想要有更多的朋友,可是一旦與陌生人見面,你就會不知不覺地緊張。你是否總是在自我安慰:朋友只要一兩個就好呢?

C 你的社交能力可以說是很強。你的臉皮有一點厚,不管對誰都會主動搭訕,也都能正確地選擇話題。即使是難以取悅的人,你也可以在短時間內跟他稱兄道弟。

D 你並不是沒有社交能力,只是對於初次見面的人,總是憑著第一印象就決定喜歡與否。如此一來,你是否常和本來可以成為真正親密朋友的人對立呢?

12. 你的人際關係狀況如何？

　　假如你去參加一個假面舞會，下面有幾種面具供你選擇，那麼你會選擇哪一種？

A. 白雪公主

B. 吸血鬼

C. 變形金剛

D. 小白兔

測試結果

A 你能夠積極主動地接近別人，這是你拓展人際關係的重要手段。另外，由於你散發出可愛的氣質，所以深受大家歡迎。建議你在面對不熟悉的人時談談私事，這會拉近彼此的距離。

B 你應該把握每次和別人交往的機會，這將是你改善人際關係的祕訣。在遇見對方後，至少要打聽對方的基本情況，然後不時地打電話問候一下，這樣就能形成了自己的交際圈。

C 你在工作場合很少談笑風生，所以不太容易和別人有進一步的交往。和同事們私下交往時，不妨透過興趣愛好形成一個圈子，組成一個對你有正面幫助的人際關係網。

D 對你來說，多走動是發展人際關係的不二法門。除了各種聚會以外，你還應該積極參加聯誼會等團體活動。但是，注意不要流露出「利用對方」的私心。

13. 你會帶給身邊的人快樂嗎？

化妝是需要技巧的，技巧高超的能把醜女變美女，
那麼你認為哪一部位的妝具有決定性的影響呢？

A. 嘴部的妝

B. 打全臉粉底

C. 眉毛修飾

D. 眼部的妝

在團體中，你很愛依靠別人。有時不知是真無
知還是裝無知，你會被大家當成笑話。不少流
傳在團體裡的經典笑話，都是以你的糗事為主
的！

B 你不是鎂光燈的焦點，你會發自內心地去為他人鼓掌。一旦被推上場，則多是走溫馨路線，有種讓大家笑中帶淚的力量，使人不時想起來還留有一些感動的餘味。

C 你是天生就愛搞笑的人，是團體裡的開心果。要是沒人上場逗大伙笑，你就會使盡渾身解數來逗樂大家，看到大家都笑到在地上打滾，你便很開心。

D 你表面冷靜，似乎神聖不可侵犯，更別提什麼搞笑了。大家都會有所顧忌，不太敢跟你開玩笑。不過，你偶爾也會說個冷笑話來逗樂大家。

14. 面對突然的好意你會怎樣？

忽然間，有個不熟的人向你百般討好，你會：

A. 不拒絕，但心有戒備，認為對方必定有所圖
B. 自認為有人緣，高興開心
C. 平常心與對方交往
D. 馬上拒絕，不給對方機會

測試結果

A 你是個很有戒心的人，尤其是面對陌生人。因為你有這樣謹慎的態度，所以你的人際關係通常是四平八穩，就算有人要暗算你，也不是件容易的事。

B 你是一個自我意識強烈，只為自己著想的人。所以你很容易被人抓住弱點，只要對方對你稍微殷勤一點，你就認為自己真的是很受歡迎的人，心防全部打開。

C 你會以平常心來和對方交往。如果對方真有所圖，相信也會自動打消念頭。因為你不會預設立場，當然也不會受對方影響、被對方所利用。

D 你的自我防衛有點過頭，這多少會影響到你的人際關係。你對任何人都沒有安全感，尤其是對陌生人。因此，你隨時都處於戒備狀態。

15. 在人際交往中你是個什麼樣的人？

社會上的人，免不了要和其他人建立良好的人際關係，不管男女。假如今天你看到自己喜歡的異性朋友，正和你的同性好友相談甚歡，那麼你會採取什麼態度？

A. 若無其事地走過去加入話題
B. 假裝有要事，把自己的同性好友叫出來
C. 假裝沒看見，匆匆退出
D. 等他們講完，再刺探談話內容
E. 當場醋勁大發，指責好友不講義氣

你是個很有自制力的人，凡事拿捏得恰到好處，既不退縮也不破壞，很適合當老師或做公關類的工作。

B 太明顯了吧!萬一對方根本就不喜歡你,那此舉可能會讓對方對你的印象大打折扣。因為現在的年輕男女大多崇尚開放、自由的人際關係,強烈的占有慾只會招致反感。

C 你屬於只會將情感隱藏起來的傳統型。你羞於向對方表達自己的情感,只是獨自躲在被窩裡哭。因此,這種類型的人通常長得較纖瘦,弱不禁風的。

D 你是醋勁大的純情種子,堅守一生只愛一個人的信念。但是,你吃醋的時候並不會讓對方知道,只會借由旁敲側擊的方式,輾轉獲知對方的一舉一動。

E 你是個直腸子,眼裡容不得沙子。你什麼話都沒辦法放在心裡,因此,當脾氣發過之後,也很容易恢復情緒,然後為自己魯莽的行為後悔不已。不必說,你當然是個醋罈子,但也是最容易被哄騙的人了。

☆【男人最重視的朋友不外乎5種】

在這幾個朋友圈，你要格外小心地為他留足面子。

1. 青梅竹馬圈：數量稀少，更顯其珍貴。

2. 同學圈：誰會去背叛青春的記憶呢？

3. 同事圈：誰都願意在同事面前顯得形象格外光輝，只有不重色輕友，才真正具備成熟的氣概。

4. 客戶圈：客戶當前，連上帝都可以不顧，何況美色哉？

5. 同道圈：所謂志同道合的圈子，格外受到男人的重視。

16.

你有平衡人際關係的能力嗎？

下班回家，在門口脫下鞋子，脫下鞋子的擺放方式，可以反映出你性格的中心部分。你是怎麼擺放的呢？

A. 鞋尖朝門擺好

B. 鞋尖朝屋內方向擺好

C. 就是脫掉時的樣子

D. 由同住的人幫你擺

測試結果

 你總是壓抑情緒，很尊重規則，這讓很多人對你很有意見，認為你過於死板。你可能總是防著別人，其實，稍微放鬆一下，別人就會對你的印象有所改觀。

B 你做事非常講究策略，總是平衡好各種關係。你辦事能力強，考慮問題很周全，這讓人覺得你很可信，你也因此深得人心。

C 你屬於完全不考慮社會體制和規則的類型，以追求自我慾望為中心，不去考慮別人的感受。你較衝動，喜歡自由奔放的生活方式。

D 你簡直太任性了，完全是被慣壞了的人。你得多去關注別人，多去想想自己的不足，才能在社會上立足。否則，你的身邊會沒有朋友的。

17. 從團體位置窺探你的社交個性

如果有一天你有機會和幾個有才華的朋友一起創作、表演，那麼你會希望充當什麼角色？

A. 鍵盤手
B. 吉他手
C. 主唱
D. 鼓手

A 在團隊中，當別人在為某個利益而爭吵不已時，你卻在自己的世界裡自得其樂。你討厭那些無

聊的瑣事和沒完沒了的小道消息，別人的爭鬥
與你無關，你願意做個平凡快樂的阿甘，自得
其樂地生活。

B 你對搞小團體有點興趣，不過不會明著做，你
認為那樣很危險。你會在暗中與人聯絡，居中
指揮調度。

你可不希望真出了什麼事，自己是那個被擠在
邊緣、被別人踩在腳下的人。

C 你是團體的中心人物，很注意維護自己的形象，
注重自己的言行。

其實，你最在乎自己的地位是否穩固了，即使
你對人好，也是為了暗中觀察他對你的真實態
度，怕自己的地位受到威脅。

D 你愛憎分明，大剌剌。一開始，大家會被你的
豪爽打動，聚集在你的周圍。

但是好景不會太長，大家對你的信賴像一場陣
雨，下過之後，就難覓蹤跡。

18. 你是個好相處的人嗎？

　　休假日，你打算和友人去看電影，你會選擇以下哪種類型的電影呢？

> A. 記錄片
> B. 喜劇
> C. 愛情
> D. 懸疑

　　　你不是一個很好相處的人，因為你對自己和他人的要求都非常高，別人會覺得你很挑剔，與

你相處壓力很大。但其實你是神經大條的人，什麼事都是說過就忘。你通常會以理服人，認為凡事都拗不過一個理字，所以雖然大家覺得你不大好相處，但都還挺服你的。

B 你是一個比較好相處的人。通常，你都會跟人心平氣和地溝通。如果有人仗勢欺人，對你猛加攻勢，你就會還擊，但是卻也總是委屈地甘處下風。你當時會覺得很氣憤，但是很快就能淡忘，一樣對他人信任如初。

C 你是一個超級不好相處的人。你的心情變幻莫測，這會兒你的臉還是晴天，過一會兒就陰雲密布了。而且，只要有一個人惹了你，就會火冒三丈，很久都不能平復心情。小心別氣壞了身子，對自己的健康不好哦！

D 你是一個很好相處的人。即使跟人發生了衝突，你也能心平氣和，對方簡直拿你沒辦法。你對人情世故看得很淡，會刻意躲避「戰爭」，信奉多一事不如少一事，所以你的身邊很少會有硝煙瀰漫。

☆ 【人際心理學：跟10種人聊天最有收穫】

1. 百歲老人。

2. 三歲小孩。

3. 曾經一無所有，現在是百萬富翁。

4. 曾經是百萬富翁，現在是一無所有。

5. 看過一千本書的人。

6. 去過不同地方到處旅行的人。

7. 死刑犯。

8. 絕症末期的人。

9. 競爭對手。

10. 偶像或榜樣。

19. 無法忍受的髒亂

有時周邊的環境，讓人看了十分難過，人好像生活在一個大型垃圾場中。你對於什麼樣的髒亂最不能忍受？

A. 垃圾亂丟，隨處可見菸蒂、檳榔渣

B. 車亂停，造成行走不便

C. 商家將雜物堆放在騎樓，很不雅觀

D. 各式招牌林立，令人眼花繚亂

測試結果

A 你不是很喜歡團體行動，覺得會受到拘束，無法率性而行。你希望有獨立的空間，可以照著

自己的意思去做。遇到要打團體戰的時候，你可能會在溝通上出現問題。

B 你是個還算合群的人，可是你的情緒起伏也不小，所以朋友們都不太暸解你。不過除了偶爾會發生小插曲外，平常你還是聚會中很重要的角色之一。

C 你會儘量找到與人交往的平衡點，不親不疏，恰到好處。保持你認定的安全距離，這樣就可以在很舒適的範圍內，與其他人相處得很好。

D 你個性溫順，與人相處也相當隨和。和人在一起，會讓你很有安全感。所以你平日喜歡結伴出遊，在決定一件事情前也會詢問其他人的意見。

20. 你的人際關係及格嗎？

假如你看到一個嬰兒熟睡的躺在床上，這時他忽然睜開眼睛，你認為接著他會有什麼反應？

A. 哭
B. 笑
C. 閉上眼睛繼續睡覺
D. 咳嗽

測試結果

A 你是個相當沒有自信的人，很害怕與他人相處，唯恐暴露自己的缺點，因此你常躲在自己的世界中。如果你能再自信一點，積極與他人接觸，就會發現外面的世界其實很美好。

B 你是個非常自信的人，交際手腕相當不錯，很容易就能和別人打成一片。但要注意的是，不要過度自信或陶醉在自己的世界中，這樣容易忽略了別人的感受。

C 你是個比較孤僻的人，認為與其和別人在一起，還不如一個人快樂自由，所以根本不願意踏入別人的世界。但工作是注重團隊合作的，絕不可獨來獨往，所以你要努力調整自己的這種心態。

D 你是一個相當神經質的人，非常在乎人際關係，也能小心翼翼地去維護。但你過於在意別人的感覺，常弄得自己精疲力竭。建議你最好放鬆一下，以平常心與別人相處。

☆ **【不要討厭或嫌棄別人】**

別人與自己的性格不同，在待人接物方面自然有一些地方與自己不一樣。當我們看到了這些不同之處後，不要覺得這也不順眼，那也看不慣，更不要討厭或嫌棄別人，我們要允許差別的存在。不要強求別人處處和我們一樣，這樣就能處理好人際關係，與別人友好相處了。

21. 如何化解人際糾紛？

如果有人找你麻煩，那麼你的反應是：

A. 向對方賠罪，息事寧人

B. 與對方據理力爭，不惜動武

C. 拔腿就跑

D. 以低姿態向對方解釋這是一場誤會

測試結果

A 你屬於沒有自信的人，對人際關係更沒信心。你喜歡間接對抗敵人，比如找第三者說理，以法律途徑求取公道等等。

B 不管對方多麼有實力，你一定是對自己的實力非常有信心的人。你會理直氣壯、放聲大膽地跟對方爭論。如果不能有個結論，便會和對方硬碰硬，來表示你是不可侵犯的。

C 你的這種方式可以說是想逃避問題的表現，而且是潛意識中急於想排除這種情境壓力的一種渴望。這主要是因為你對自己沒有信心，心中有很大的焦慮和不安。

D 你很懂得如何化解人際糾紛，而且最主要的，你是不會委曲求全的。你會以誤會的理由來化解對方的氣勢。

22. 美食測你的應變能力

　　難得出國一趟，總要嘗一嘗道地的異國風味，以下什麼樣的食物讓你最難忘？

> A. 北歐濃郁的起司火鍋
> B. 日本雅淡的懷石料理
> C. 美式厚實的漢堡薯條
> D. 南洋熱辣的雞肉咖哩

測試結果

A 你應變能力強，善用幽默來化解糾紛，緩和冰冷的氣氛；也會轉移話題，讓大家的注意力不會繼續集中在尷尬的事上。

B 你臉皮很薄，所以最好是別讓你陷入窘境，不然你會為了保全面子而不惜和對方撕破臉。但是別人看到情勢不對，也會趕快打圓場。

C 你性格大剌剌，遇到尷尬的時候，即使再怎麼讓你難受，沒多久你也會像沒事人一樣，泰然自若與人談笑。

D 你無法忍受在眾人面前丟臉，你會為自己的失常表現平反，或者和出言不遜的人對質，堅持自己的說法才是對的，一直要等你得到最後的勝利才肯罷休。

☆ 【做人需要注意的10個方面】

1. 朋友之交淡如水。

2. 心裡的委屈讓它爛在心裡。

3. 不要聽信別人說誰在說你如何。

4. 吃不了的，用不著的東西寧可丟了也不要送人。

5. 禍從口出，不要背後議論別人。

6. 挨別人罵你才能長大！

7. 是非只因多開口，煩惱皆因強出頭。

8. 害人如害己。

9. 不要想佔別人的便宜。

10. 親戚不要走動太頻繁，否則就會失去他們。

23. 你的敵人在哪裡？

如果有人假公濟私,無意間被你發現卻要求你保守祕密,那麼你會怎麼辦呢?

A. 勸對方改邪歸正,及時回頭
B. 假裝不知道,明哲保身
C. 義無反顧,堅持揭發對方
D. 見者有份,跟對方同流合污

測試結果

A 你是一個情理兼顧、懂得人情世故但又不罔顧義理的人。你的做法才是最成熟的,因此,你的人際關係是真正圓滿的,你不會得罪任何人。

B 在你的觀念中,維持和人的良好關係是第一位的,個人利益和公理正義先擱置一旁。因為你的妥協,壞人會趁機壓制你,好人會不諒解你的做法,是兩面不討好的做法。

C 你是個正義感十足的人，不過你正面得罪人的機會也會大大地增加。你的個性是對事不對人，不過，有時候你就是太講理法而忽視了人情，會得罪許多人。

D 你的人際關係是基於利益考量的，像這樣的人，在和人利益均分的時候，比較不容易和人衝突；一旦利益有了衝突，你就會和對方翻臉。

☆ 【五不交】

1. 交淺言深者不可深交。

2. 搬弄是非的「饒舌者」不可深交起司火。

3. 唯恐天下不亂者不宜深交。

4. 順手牽羊愛佔小便宜者不宜深交。

5. 被上司列入黑名單者不宜深交。

24. 怎樣對付兩面三刀的人？

世間有這樣一種人，當面不說，背後亂說。你偶然間發現，你一直認為對自己很好的人，原來在給自己使壞，一時間你很氣憤。當你再次面對他時，你會：

A. 表面上與對方笑臉相迎，實際上對他心存戒備

B. 與對方以誠相待，相信自己能夠感動他

C. 開門見山，一語道破，不給對方留面子

D. 與對方保持距離，態度不冷不熱

測試結果

面對頗有心機的人，你的這種應對方式證明了你是個有謀略、很理性的人。但是，你不僅對這類人如此，對其他人你很可能也以這種有心機的方式來處理。

B 你對人以誠相待，相信也有人以誠相報，只是你必須要有心理準備，因為不是每個人都會有這種良心的。你在他人心目中，應該是個有良好形象的人。

C 你的性格是屬於直率型的，最受不了人家的冷嘲熱諷和迂迴戰術。這種性格，通常會吸引同樣不喜歡用心機的人。

D 你是個不善於主動去解決問題的人，唯一的利器就是沉得住氣。因此，你的人際關係比較封閉。因為不喜歡複雜的人際關係，所以你的敵人應該不多。

25. 測試你的人氣指數

我們常常可以在介紹自然生態的節目中，看到各種惡劣環境。自稱為萬物之靈的人類，一直不斷嘗試找到改善生活品質的方法。

你認為什麼樣的環境，是最不宜人類生存的？

A. 酷熱

B. 嚴寒

C. 乾燥

D. 狂風，草木不生

測試結果

A 你的隨和個性讓大家每次出去玩都不會忘了你。因為你能充分合作，立刻附和大家的提議，而且把所有事情都先打理好，所以你在團體中雖不突出，也算是重要的角色。

B 你的溫婉是個人最重要的特質，如果能夠善用這一點，對別人關心，無怨無悔，不求報償，那麼所有人都會乖乖待在你身邊。

可是你最大的弱點是受到冷落的時候，會覺得很難過，會讓自己沉淪在低落的情緒中站不起來。

C 你的鬼點子超多，每次有你在就不愁沒什麼新鮮好玩的。可是你的穩定性稍顯不足，也有點過於獨裁。長久居於主導位子，你也習慣於命令別人，所以會認為大家理所當然要照你的方式去做，這樣不免造成一些反對的聲浪。

D 你是個活潑好動的人，要你靜下來是一件挺困難的事。你喜歡和朋友打成一片，大家一起打打鬧鬧，玩得不亦樂乎。可是你大剌剌的個性讓你常說錯話，一不小心就刺到別人的痛處，所以得罪人自己都不知道。

26. 你是能說會道的人嗎？

今天突然接到好友的電話約你一起吃飯，並且有事跟你說。你覺得他會跟你說什麼？

A. 有心事想找你開解
B. 遇到難事找你幫忙解決
C. 有事糾結找你幫忙出謀獻策
D. 找你幫他做些事情

測試結果

A 你善解人意，很會設身處地為別人著想，為人處世也很懂得分寸，既不高高在上，又不刻意討好，因此你雖然不是能說會道，卻有著很好的人緣，大家都喜歡與你交朋友。

B 你說話容易得罪人。你是一個沒有什麼心計的人，心裡有什麼就說什麼，不分地點，不分場合，經常會說一些不得體、讓人尷尬的話，雖然是真話，卻讓人很不喜歡聽。

C 你比較能說會道，在大多數場合下都能表現得大方得體，給人留下很好的印象。但有時太想讓別人注意到或記住自己，便會表現得有些失控，說話做事有一些誇張的成分，讓人覺得你不太真誠。

D 你在人際交往方面很有一套，可以說是見什麼人說什麼話，與各色人等打交道，基本沒有失誤的時候。但是能說會道的你也會有失控的時候，那就是在你沒有絲毫心理準備，遇到讓你很尷尬的事情時，你也會變得口不擇言，不惜得罪人。

27. 誰會出賣你？

當別人用以下哪種形容詞讚美你時，你會心甘情願貼上這個標籤，還會暗自爽到不行呢？

A. 天生麗質
B. 氣質不凡
C. 能力超群
D. 八面玲瓏

測試結果

A 你總是和同性保持安全的距離，不太會被同性出賣；可是和異性熟絡過同性的你，如果哪天被人出賣，就是栽在異性朋友的手中。奉勸你對異性朋友，還是要保持應有的判斷力，別被別人牽著鼻子走。

B 其實你不太會被人出賣，因為你小心翼翼，不會讓這些麻煩事發生在你身上。不過親人就是你的一大死穴，世事難料，人心真的也難測，你容易被親人出賣或牽連，最後只好傷心又傷情囉。

C 你是個聰明人，你要是被出賣，同事或者上司總是有頭號嫌疑。你個人能力很強，也因此被同僚排擠，要是遇上心胸狹窄的上司，也會被上司設限防範，防止有天你會取代他的地位。你要學著適度收斂鋒芒，小心應對。

D 看似你在人際關係中悠遊自在，不會招人妒，不像是會被出賣的倒霉鬼；但是你需要注意的就是和你稱兄道弟的人，這些讓你掏心掏肺的好朋友，因為熟知你的弱點，也知道你不好意思對好友說「不」，會在你不知不覺間把你賣了。

☆【人際箴言】

人與人交往，應著眼於未來，不念舊惡。原諒別人，是對待自己的最好方式。為你的仇敵而怒火中燒，燒傷的是你自己。做人，心胸不可太狹隘，海納百川，靠的就是一顆寬容的心。

28. 從裝飾房間測試你的人緣

　　心血來潮的你，準備好好打掃一下房間，經過3小時的努力，房間終於煥然一新，但是你總覺得缺少了一點生氣。這時候你會利用什麼方法，讓房間充滿活力呢？

A. 一幅畫

B. 貼各種貼紙

C. 一盆花

D. 一個半人高的玩偶

測試結果

A 你很有自己的想法，在團體中可以做一個領導者，經常扮演幫別人解決問題的角色。基本上大家對你是有一點敬畏的，有時候也會因為你太主觀或強勢，讓人覺得難以接近。

B 鬼點子特別多的你，是大家眼裡的創意大王，無論什麼時候，你都會有一些稀奇古怪的想法，讓大家驚喜連連。不過，你比較情緒化，忽冷忽熱的性格，會讓人招架不住。

C 朋友都覺得你是一個心地善良、溫暖貼心的人。大家有困難的時候，第一個都會想到你，無論是實質上或是心靈上的幫助，都讓別人覺得很舒心。你不會刻意去對別人好，但是大家都是真心喜歡和你做朋友。

D 你是一個思想天真、單純的人，叫你往東，你絕對不會往西。相信別人是你的優點，也是你最大的缺點，你常常因此被騙，覺得很受傷。你應該試著去接受人心複雜和不好的一面。

☆【色彩和心理的關係】

1. 喜歡紅色的人活潑異常，感情豐富，性格外向。

2. 喜歡藍色的人善於控制感情，很有責任心。

3. 喜歡紫色的人多愁善感，焦慮不安，性格內向。

4. 喜歡綠色的人性情平靜，善於克制，充滿希望，
   比較樂觀。

5. 喜歡黃色的人心情歡暢，性格外向，精力充沛。

6. 喜歡灰色的人不喜歡激烈的情感，常常迴避他人。

29. 你在人際交往中的優秀之處

炎熱的夏季，跟朋友去海邊旅遊，你悠閒地在沙灘上曬太陽，過了一會兒，你覺得口很渴。這時候，你最想喝的是以下哪種飲料？

A. 果味飲料

B. 優酪乳

C. 冰紅茶

D. 純果汁

E. 清茶

F. 白開水

A 你是個第六感很強的人，而且通常這種感覺是準的，它確保了你在任何情況下都能做出正確的決定。在與人相處時，你神奇的第六感也會發揮作用，幫助你協調好人際關係。無論在任何場合，你都能與周圍人游刃有餘地相處。

B 你性格溫和，看事情總是很淡然，很少有哀怨的情緒。你凡事順變，這種樂觀的精神，讓周圍人羨慕不已。你很隨和，跟人相處得很好，只要跟你多相處，大家都會不由自主對你產生好感。

C 你渾身上下洋溢的活力，會幫助你成為社會生活中的活躍分子。你很容易讓人對你敞開心扉，很奇怪，只要人們跟你聊上幾句，就會對你訴說心事或知心話。這樣的本領，想不吸引異性都不大可能呢！

D 在團隊中，你是天生的管家。大家都很信賴你，有什麼問題都願意去找你解決，而你也很樂意為大家做事情。久而久之，大家就都很依賴你。

E 你的意志力很強，在與人交往時，即使前面會遭遇風浪，你也會百折不撓，直到別人喜歡上

你。付出總有回報，是你人際關係的重要精神
哦！

F 很奇妙，你天生就有讓人變得快樂的能力。所
以，你的周圍都是跟屁蟲，大家跟你在一起，
都變得單純而快樂。你會讓人鼓起勇氣去面對
困難，幫助很多人走出困境，真是心地善良的
人。

☆ 【改善人際關係的四句話】

1. 最難以啟齒而又最能化解矛盾的一句話:「也許你
是對的。」

2. 最讓人感覺寬慰的一句話:「我馬上到。」

3. 最讓人增長信心的一句話:「我相信你可以。」

4. 最能讓人擺脫風言風語的一句話:「走你的路，讓
別人去說吧!」

30. 你的人際優勢是什麼？

你最好的朋友即將移民到英國去了，過兩天剛好是他的生日，你為他辦了一場生日惜別會，在惜別會中你最想對他說的話是什麼？

> A. 我會想念你的
> B. 有空要常回來看我
> C. 你要常常和我聯絡呀
> D. 有機會我一定會去找你

測試結果

A 你非常理智，不會隨波逐流或是猶豫不決。你的思路很清楚，無論遇到什麼麻煩的問題，都能經由你的抽絲剝繭，找到解決的方法，是大家心目中最佳的領導者人選。

B 你很聰明並且有主見，雖然有時候會讓人覺得你有一點強勢，或是比較主觀，但是你卻總是能為大家解決困難。當大家正為了一件事頭痛不已的時候，你會運用智慧，輕鬆幫大家渡過難關。

C 你是一個十足的樂天派，不管遇到任何狀況，你都能從容地面對，帶給別人無比的信心。和你在一起，別人不自覺地也會變得自信，一切煩惱迎刃而解，你像是具有神奇的力量一般。

D 你是一個善解人意、溫柔貼心的人。朋友都會覺得和你相處，如沐春風，很舒服，沒有壓力。心靈受傷時，你又是最好的安慰者，很受大家的歡迎，人緣超級好。

☆【微笑比禮貌更親切】

最容易成功的人，一般不是才華橫溢的人，而是最能以親切和藹的態度給人以好感的人。一個人不能改變自己的形象，卻能改變自己的氣質。人際交往中，善良熱情更容易給人好感。發自內心的微笑比禮貌更親切，會給人陽光般的溫暖。

31. 畫太陽測你的社交力

現在，請你準備一支筆，在下面的空白處畫出你心中的太陽。你會把太陽畫在紙上的哪一個方向？

畫在右方：

你有強烈的企圖心，真叫人抵擋不住你的威力。對於未來，你抱著樂觀的態度，是勇敢、不顧一切往前衝的先鋒人才。但請你不要忘記睜開你的大眼看清前方的障礙，別一個勁兒埋頭猛衝。其實你的決斷力與行動力都很突出，只不

過有時行事太衝動，凡事三思而後行，才不會有太多的後悔！

B **畫在正當中：**

社交關係方面，你好像不及格，對嗎？這都是由於你對事情的是非有獨特的見解及敏銳的判斷，從不委屈自己做你認為不合理的事，因此常給人不通情理的感覺。雖然世上像你這樣擁有一身傲骨的人已瀕臨絕種，但還是要勸勸你，偶爾也「同流合污」一下！

C **畫在左方：**

你是一個最佳的輔佐人才，穩紮穩打，屬實力派。雖然你缺乏主導性的性格，然而你總是觀察入微、善解人意。你的細心體貼常贏得別人對你的信任，而且不論遇到什麼挫折，你總是愈挫愈勇，努力克服，是現實世界中的東方不敗！

D **再畫一座山，把太陽畫在山巒中：**

當你在畫這幅畫時，心中想的景像是旭日東升，還是日薄西山？其實會為太陽再畫一座山的人，通常個性較溫和且缺乏安全感，但因為個性善良，常能得到他人幫助。換言之，你身邊常常有貴人出現哦！

32. 你的人際關係敏感度如何？

有一天，看到好友拎了一個你也很喜歡的袋子，你覺得和自己相當配。回家後一直念念不忘，你會怎麼處理你的戀物相思病呢？

A. 想辦法跟好友要來

B. 直接問好友要到哪裡買

C. 四處探聽，偷偷買，不讓好友看見

D. 按捺想擁有的慾望，忘了那個東西

測試結果

A 你準是人緣好得不得了，衝著和別人的交情好，常得到貴人相助，在工作上也是無往不利。不過還是要努力充實自己，免得把好運都用完了，將來還是要靠實力養活自己。

B 你總是大剌剌的，沒有心機。你也不會去設想別人的心情，有時敏感的人會對你產生誤解，不過你絲毫覺察不到，還是我行我素，依直覺行事。漸漸地，大家就會知道那是你的本性，而習慣適應。

C 你很注意小節，不願失禮，所以待人十分客氣，反而讓人覺得有點矯枉過正，假假的。其實放鬆一點不要那麼拘謹，才能和朋友更親近，沒有隔閡。

D 在你看來，生活單純是最重要的事。你希望能平靜度日，不要和是是非非有任何瓜葛。如果有人故意來招惹你，你會偽裝成一根木頭，讓別人的挑釁絲毫不起作用。即使已內心澎湃，但外表看起來還是止水一般。

33. 灰姑娘測試你在社交中的危險因子

請回味一下「灰姑娘」的童話故事，在下列場景中，你對哪一幕印象最深？

> A. 仙女施展魔力，使灰姑娘的襤褸衣衫變成耀眼的新衣
>
> B. 灰姑娘乘坐南瓜車奔往王宮
>
> C. 在舞會中，灰故娘與王子一起翩翩起舞
>
> D. 王子的部下拿來水晶鞋，灰姑娘一腳穿上去剛好合適

測試結果

A 你追隨潮流，不惜花大價錢買潮流用品，以後或許會債台高築而不得翻身。為撇開這個危險

因子，你該及早改正重視表象的觀念，並養成工作的有計劃性。

B 對人際關係的積極是你的長處，你的開朗、率直也是優點。但易怒和極強的權力欲是你的缺點，所以你的危險因子是衝突。為避免滋事，你應該不妄信權力，在大動肝火之前，稍靜下心聽聽對方的說辭，這對你有利無害。

C 你對身體語言很敏感，所以很在意自己的表情、姿態及舉止動作。你愛出風頭，你的危險因子是表現欲過強。在別人眼裡你是傲慢驕縱的，如要自我改善，除多注意自己的舉止外，還要多留意對人的態度和待人方法。

D 你亟須增進跟別人的溝通，不斷鍛鍊溝通能力。在跟異性的交往上，易造成「自作多情」或「無心插柳柳成蔭」的局面，所以你的危險因子是異性。為避免無謂的誤導和誤解，最好是拿捏分寸，公私分明。

34. 你的社交能力到底如何？

一個獨居的先生想在家裡裝設一個水族箱，你認為水族箱裡要放些什麼東西呢？

A. 美麗的珊瑚
B. 雄、雌魚各放一隻
C. 一隻大熱帶魚
D. 各式各樣的魚

測試結果

A 珊瑚代表華麗有派頭。你是那種擅長用你珊瑚般華麗的魅力來吸引他人注目的類型，眾人也都因你獨特的魅力而接近你。但是，實際上交情如何則是另一回事了。

B 雄、雌魚表示特定的關係。你對朋友的階層區分得很清楚，對真正的朋友會推心置腹。雖然不見得有很多朋友，但你的朋友都是你覺得值得信賴的。

C 一隻大熱帶魚是孤獨的意思。你屬於很難與他人深入交往的類型，其實，你也希望交到真正心靈契合的朋友，應該再加把勁！

D 各式各樣的魚代表交流的旺盛度。不管對方是什麼樣的人，你都會儘量待他如同兄弟好友般，你開朗樂觀的性格也讓你交到許多朋友。可是，要小心過於八面玲瓏的手腕有時會讓人反感！

☆ 【交際箴言】

1. 不責人小過，不揭人隱私，不念人舊惡。三者養德避害。

2. 不可乘喜而輕諾，不可因醉而生嗔，不可乘快而多事，不可因倦而鮮終。

3. 增進人際關係，要縮小自己，勿怕擔當，樂於配合。

4. 做人，有原則，不生硬。會計劃，懂變通。善理財，不吝嗇。

35. 自畫像測試你的社交能力

　　如果要你留下一幅自畫像，準備掛在藝廊或是博物館中供別人欣賞，那麼你覺得那幅畫會是下列哪一種？

A. 油畫

B. 素描

C. 水彩畫

D. 水粉畫

　　你非常喜歡參加一些豪奢的宴會。你天生就能夠散發出無窮的魅力，而且又擅長表現出自己的特色，所以總是很輕易地就能夠吸引住眾人

的目光。你非常享受也很適合站在聚光燈下，能夠自如地穿梭在人群中，總能給人留下深刻的印象。你社交能力非常強。

B 你對自己的外表不會有過多的修飾，你總希望能以本真面目示人。經常都是輕裝現身，有著特立獨行的個人風格。不過別人對你的評價也是兩極分化，有的極度欣賞你這種性格，但有的又覺得你很礙眼。

C 你社交能力還不錯，善於舉辦一些家族式的聚會，經常會邀請幾個好友到家中，享受溫馨的下午茶。你總能在聚會中讓大家有賓至如歸的感受，大家跟你在一起的時候也很放鬆，不會拘束。你屬於非常能夠掌握氣氛的好主人。

D 你在團體中表現不會很出色，雖然你不是主角，但是也不會讓大家忽視你的存在，每次有活動都會記得找你。你不喜歡標新立異，故意引起別人的注意，卻是一個很好的聽眾，你總是很自然地就對朋友表示關心，會讓身邊的人感到溫暖。

☆【如何打理好人際關係】

1. 不要輕易承諾。

2. 做個有幽默感的人。

3. 轉移話題儘量不著痕跡。

4. 拜訪別人要事先通知。

5. 請不要無視他人的存在。

6. 一定要尊重對方隱私。

7. 學會傾聽，始終微笑待人。

8. 以謙卑的姿態面對每個人，盡可能用建議取代命令。

36. 你的社交形象如何？

當發現朋友有東西掉在了你家時，你認為採取以下哪種辦法最合適？

A. 親自送回去給朋友
B. 打電話，約朋友到附近見面，然後把東西交給他
C. 託人帶給朋友
D. 暫時先放在家裡，之後有機會再還給朋友

測試結果

A 你是一個大膽而冷靜的人，做事以大局為重，不會為了一些小事而破壞大局。

B 你是一個積極向上的人，思想敏銳，工作能力非常強，謹記勝不驕，敗不餒。

C 你是一個天生樂觀的人，樂於助人，他人需要你的幫助時，你一般都不會拒絕。

D 你是一個小心謹慎的人，做事考慮周全，不會魯莽行事，有責任感。

☆【提升形象的用語】

初次見面，要說「久仰」；

許久不見，要說「久違」；

客人到來，要說「光臨」；

等待客人，要說「恭候」；

探訪別人，要說「拜訪」；

起身作別，要說「告辭」；

中途先走，要說「失陪」；

請人別送，要說「留步」；

請人批評，要說「指教」；

請人指點，要說「賜教」；

請人幫助，要說「勞駕」；

託人辦事，要說「拜託」；

麻煩別人，要說「打擾」；

求人諒解，要說「包涵」。

37. 你是如何應對誤會的？

你的性格能在人際關係中有促進作用嗎？一個人的性格決定了他的人際關係，而人際關係的好壞也決定了一個人是否擁有好運氣。

如果別人不小心得罪或誤會了你，那麼你會：

A. 很快忘得一乾二淨
B. 當場跟他翻臉，從此不共戴天
C. 銘記在心，找機會報仇
D. 對此人有戒心，跟他保持距離

測試結果

你忘性很大，事實上你的忘性起了一種防衛作用，把不愉快的事壓到潛意識中，把它忘掉，不再因此而苦惱。很有可能下次同一個人再得罪你，你還是覺得這個人只是心情不好，不會跟他翻臉。

為什麼？因為你可能記得被得罪的事件，但被

得罪時不愉快的情緒，你早已忘得一乾二淨，所以你很少會翻舊帳生氣。這實在是你在人際關係上的一大優點。不過，如果是你的敵人故意要害你，那你最好銘記在心，否則就很危險了。

B 你不分青紅皂白就跟對方翻臉，肯定是你不想要這個朋友了。像你這種敵對意識強、心胸狹窄的人，是最容易得罪人的。因為在你的心中已經準備好隨時要和別人對抗，所以一旦碰到類似的事件，你就會緊張地發動攻勢，先下手為強，要壓在對方頭上。

你的這種反應，不僅為你帶來許多敵人，也給你帶來了更多的不安。你越是防備，得罪的人也就越多。

C 你很自卑，一旦有人不尊重你或不小心得罪你，你就會銘記在心。對別人來說可能是微不足道的事，對你來說卻是天大的事。

一般情況下，你認為每個人都應該很尊重你，而你也應該不會有被傷害的機會；但是事與願違，你總是會被別人誤解或傷害。因此心裡會因期待受到破壞而有挫折感，這種挫折感常會

卡在心中，如果不報仇、不發洩出來，會憋出病來。這種性格會導致你的人際關係日趨惡化，所以還是敞開心胸吧！

D 雖然你不是很會記仇，也不是一天到晚都想著這件事的人，但是你的潛意識曾經受過傷害，為了保護自己，在下次見到對方時，你就會主動地保持著戒備的狀態，避免再有第二次的傷害。由此可知，你是屬於自我防衛性強的人，也有點神經質，處處提防人。

雖然你這樣保護自己是不過分的，但是大多數人可能會感覺到你對他們的不信任，這也會影響到你的人際關係。

☆【不完美的缺憾】

每個人的性格都不是完美的，在人際關係中，每個人都會有缺憾，所以想要透過人際關係來達成自己的目標，就要使你的性格不斷完善起來。

38. 你的交際手腕高明嗎？

三天後，與心儀的人有個約會，你想表達自己的愛慕之意。那麼，在約會的前兩天，你會做哪些準備工作？

A. 先把要講的話準備好

B. 先去買一份禮物

C. 再多打幾次電話聊聊天

D. 多打聽一些他的私事

E. 什麼也不必準備

測試結果

A 你有點狡猾，從來不打無準備之仗，在人際交往上也是如此。即使是簡單的接觸，你也要提前準備，考慮到各種可能發生的情況。

B 你是一個善於體諒別人的人。在人際關係上，你講求的是「將心比心」，信奉以誠待人；但記住，社會是非常複雜的，這種方法可不是百戰百勝的啊。

C 你的猜疑心太重了！這樣是不會對人際關係有好處的。

D 你缺乏穩定的能量。你在生活上是個腦筋不錯、老是在改變的人，你很難被瞭解，思想與一般人不太一樣，你感興趣的事物也很少有人喜愛。雖然很多人佩服你的頭腦與才華，但你的生活相當不穩定，總感覺自己很不踏實。所以，你最缺乏的就是穩定的能量。

E 你在交際中率性而為。由於你的率性，你很難聽得進別人的意見，這樣的性格會讓你在交際中吃不少虧。所以，你不能由著性子辦事了。

39. 別人會把你當怪胎嗎？

　　有一天，當你在餐廳吃飯的時候，聽到櫃檯的服務生很驚慌地交頭接耳，說有一顆炸彈被放在餐廳中。你認為歹徒會把炸彈放在什麼地方？

A. 廁所
B. 餐廳門口
C. 客人座位下
D. 廚房

測試結果

　　你思維縝密，因為考慮到很多細節，所以你想事情的速度很慢。當大家都已經進入下一個話題了，你才冒出一句沒頭沒腦的話。可是你所

說的話也都很有道理，讓所有人不得不重視、接納。你有鍥而不捨的精神，會堅持到最後一秒，就算不被人瞭解，你也會靜心等待，一有機會就表達自己的看法。

B 你的思考模式很單純。你不會有什麼奇怪的想法，因為你總覺得別人都比你厲害，所以會先聽人家怎麼說，然後你再開口。這樣謙遜的態度，當然會成為每個人的好朋友，大家無論做什麼都不會忘了你，因為你的配合度高，人也隨和。只不過久而久之，你會失去自己的個性，忽略自己內心的聲音。

C 你的想法很實際。你做事遵循傳統，一旦事情有一點點超離常規，你就開始緊張，生怕有人來揪出你的罪行；所以在你心中有一把道德的尺，衡量自己，也不時衡量別人。漸漸地，你的生活就變得十分規律，這算不算是另一種「怪」呢？

D 你常常會出一些餿主意。但是你出的餿主意常讓大家聽了會噴飯，你的想法挺詭異的，所以就算有人欣賞你的點子，也不太敢附議。不過，你還自顧自地認為每一個人都有發表言論的自

由。你的點子其實都很新穎，若是用在別的地方可能會更恰當，所以請不要放棄，也千萬不要有挫敗的感覺，總有派上用場的一天。

☆ 【交往錯誤心理】

1. 叛逆心理。愛抬槓以說明自己標新立異。
2. 猜疑心理。愛用不信任的目光審視對方。
3. 自卑心理。缺乏自信，辦事無膽，畏首畏尾。
4. 作戲心理。愛吹牛，愛說漂亮話。
5. 怯懦心理。性格內向，不善言辭。
6. 冷漠心理。態度孤傲。
7. 貪財心理。貪圖財利，愛沾光。

40. 你會如何看待別人的看法？

如果要出去看風景，那麼以下哪個會是你的首選？

> A. 大海
> B. 小溪
> C. 瀑布
> D. 湖泊
> E. 河流

測試結果

A　你勇敢、開放、隨性，因為你坦然，所以從來不喜歡猜疑或懷疑別人對你的態度和心意。你

對人有很好的包容力，如果遇到實在不喜歡的人，採取的態度總是迴避，而不會有直接的衝突。

B 你是非常善解人意的人，心思細密，容易鬱悶、受到委屈或被人欺負，常希望有強者出面幫你解決問題或取得公正，你容不得別人的魯莽，在職場上應該果斷一些。

C 在你的內心深處，隱藏著喜歡表現自己的慾望。直率的性格使你敢講敢說，喜歡評論是非，但常為了快速表達自己的想法而犯下錯誤，而且你又不易感到後悔，因此極少反省自己的錯誤。你只能以詼諧的態度看人生，不想壓抑自己的感情，便要笑對人生的挫折。

D 你在心理上是個充滿安全感的人，在朋友中深得人緣。你從不與人有正面衝突，總是盡可能包容別人，你相信人與人之間能和平共處，極少無意義地打擾別人，朋友也不會過度打擾你。

E 你有自由開放的思想，生活多半不受拘束，勇於表達意見，但卻不喜歡探尋問題的解決方法。你朋友很多，關係卻不一定很親密，因為你喜

歡交朋友，卻不喜歡因分擔朋友的問題而干擾到自己清淨的日子。

☆【交際心理：哪些朋友值得交】

1. 激勵你讓你看到自己的優點；

2. 提醒你讓你看到自己的不足；

3. 維護你並能在別人面前稱讚你；

4. 和你趣味相投；

5. 能把你介紹給他的朋友；

6. 能讓你全身心放鬆；

7. 能讓你有機會接觸新觀點、新事物；

8. 能幫你理清工作和生活思路；

9. 有好消息第一時間告訴你。

41. 從喜愛的咖啡廳看出你的社交觀

你特別喜歡一家咖啡廳,那麼你覺得它能討你歡心的最大原因是什麼呢?

A. 視野特別好

B. 價格公道

C. 老闆親切有禮

D. 餐點種類多且品質好

測試結果

A 你的確不善於打開話匣子，不是因為講話太直接而傷人，就是因為沒有自信而讓人誤解，別人也不知道要怎麼樣和你相處。所以你要小心在人際關係方面產生障礙。

B 你一板一眼的性格，可能成為拒絕壞朋友的良方，但也可能成為別人想靠近你的障礙。你只能和少數類型的人打交道，與其他人則可能產生適應不良的狀況，還是不要輕易嘗試比較好。

C 你不談利益，也不喜歡佔別人便宜，和你相處的最大感覺就是真誠而實在，所以你的朋友也不少，而且大多數都是與你交心的人。因為現在的社會充斥著虛假和欺騙，像你這種人更是顯得稀有和可貴。

D 你的朋友多得不得了，而且三教九流都有。你這一生最不缺乏的應該就是朋友了。你生性樂觀，和你在一起的朋友感覺很輕鬆，心情愉快，而你也總是大方地招呼大家，社交手腕十分高明。

☆【咖啡愛好者的性格也不同】

英國臨床心理學家對1000名咖啡愛好者的行為和習慣進行研究後發現：

黑咖啡愛好者常是完美主義者，他們喜歡簡單的生活，但難捉摸。

喜歡拿鐵的人喜歡取悅別人。

愛喝卡布奇諾的人控制欲和表現欲強。

喜歡速溶咖啡的人相對較懶，喜歡拖延。

時尚達人則喜歡冰鎮甜咖啡。

42. 從包裝紙看出你不擅長交往的人

當想送人禮物時，你會選擇以下哪種顏色的包裝紙？

A. 藍色

B. 黑色

C. 紫色

D. 紅色

A 你不擅長與感情起伏激烈的人相處

個性冷靜的你，很少感情用事，因此，不擅長與對喜怒哀樂表現過於激烈的人相處。如果刻意迎合，就只會使自己疲憊不堪。

B **你不擅長與矯揉造作的人相處**

心胸坦然、大而化之的你，對於注重打扮而難窺其內在的人，無法與其打成一片。但若試著與對方相處，你可能會有意外的發現。

C **你不擅長與具有包容力的人相處**

你有一點戀父或戀母情結，面對親切的上司、前輩常無法壓抑自己的情感，而產生嚴重的後果。你必須把工作和私生活劃分清楚。

D **你難與懶散的人相處**

你是一個有條不紊的人，所以無法忍受他人的懶散與邋遢。即使對方個性和善，你仍無法原諒對方的粗枝大葉。擁有一顆包容的心吧!否則日子難熬呀。

43. 你的惹人厭指數

當你和情人吵架時，他/她突然給了你一巴掌，你的下一個動作會是什麼？

A. 破口大罵

B. 呆住，反問他/她為什麼

C. 歇斯底里地亂捶他/她

D. 回打他/她一巴掌

E. 氣哭，逃跑

測試結果

A　過街老鼠人人喊打型

在這個世界上只有一個人喜歡你，那個人就是你自己。你的脾氣太過火暴了，快收斂一下吧。

B　人見人愛型

很多人都喜歡你可愛乖巧的性格，說到底，你一點都不討人厭。

C 天上掉下來的禮物型

當別人收到你這個「禮物」時，還要小心別被砸到頭哦。

D 八字對沖討厭型

其實這真的不能怪你，如果你和別人發生衝突，那應該是一個非戰之罪，只是因為對方八字跟你對沖才會討厭你。

E 初一十五顧人怨型

你的使人討厭的惡行大約一個月發作兩次，還在大家可以忍受的範圍之內哦。

☆ 【男女吵架的基本模式】

1. 因為男人的某種言行，讓女人很生氣。

2. 男人開始解釋，心想：用得著這麼大驚小怪嗎？

3. 女人不斷試圖強調不是事情本身，而是男人的態度。

4. 男人想：又開始翻舊帳，有完沒完？

   女人想：現在的男人怎麼這樣不負責任？

5. 兩人忘記了為什麼吵架，但誰也不願意先投降。

44. 如何來處理交際難題？

朋友穿著一件新衣服來問你的意見，但是你怎麼看都覺得怪怪的，這時你該怎麼回答他呢？

> A. 為了他的心情，還是先稱讚他好了
> B. 只是微笑，不說什麼
> C. 直接說出想法
> D. 拐彎抹角地說出自己的意思

測試結果

A 你是非常能以對方的心情為先而去考慮事情輕重的人。你很忌諱和他人當面起衝突，那不只會搞得很難堪，還會傷和氣，影響未來的關係。你這麼做的確給大部分的人留下了很好相處的

印象，但顧慮太多讓你無法說出真心話，也因此使你只能和人維持表面的交往，無法深入。

B 你雖然不表贊同，卻也不想傷和氣，不想說出違心之論，於是乾脆笑而不答。這樣的你給人高深莫測的印象，神祕兮兮的，反而讓人害怕與胡思亂想，因此想要和人順利交往是比較難的。其實多點坦率就會讓你跨出這一步，給人留下誠懇的印象，有助於你人際關係的拓展。

C 你說話直截了當，非常容易得罪人。說實話當然是好的，但是完全不顧及他人心情的直言就太過草率了。雖然你多半也不介意他人的直言，頂多反駁他，吵一架了事，但這可不是適合所有人的！人際關係還是需要很多潤滑劑來緩和衝突的，學著婉轉不是虛偽，是和諧的基礎啦。

D 你是一個很適合做公關的人。你總是能冷靜、理智、客觀地去分析眼前的狀況，能夠讓對方聽進去你說的話，又覺得你很中肯，不會太虛情假意。你應該擁有還不錯的人際關係。

45. 從養寵物測你的人際關係

　　寵物店裡有各種寵物，現在給你四種選擇，相比之下你最想養哪一種？

　　A. 狼狗
　　B. 波斯貓
　　C. 變色龍
　　D. 不養任何動物

　　你是一個喜歡團體生活的人。在團體中，你會不由自主地想和大家接近，因此養成了合群的性格。

　　你的人緣也因此多半不會差，想必你一定有許

多好朋友吧！但是一旦真正遭遇挫折，你多半
會獨自思索、調適、解決，如非必要不會向其
他人求救，這種形象不同於你平時給人的感覺。

B 平時你給人的印象是溫和的，一副柔弱的模樣，
但其實你的內心深處是剛強的，你有自己不易
動搖的原則。簡言之，你的「外柔內剛」有時
會嚇到某些人，有時會讓某些人對你刮目相看。
你的朋友不多，但是個個都是知心的。一旦你
戀愛了，你會因此而縮小你的社交圈，得失要
自己衡量一下囉。

C 你有許多朋友，但你會不自覺地與他們保持距
離，多保留一點心靈的自由給自己。
你心情不好或遭遇挫折時，會孤坐咖啡館一下
午或一個人到海邊，這些比跟朋友傾訴更能讓
你平靜。你不甘於平淡，你的神祕、特別，是
吸引朋友的主因，因此有許多人欣賞你。

D 簡言之，你把時間切分為兩部分：和朋友在一
起時，你是一個熱情的人，你也享受其中；回
到家，你是一個安靜的人，其實你也頗能享受
這種空白的時刻。你有一點精神潔癖，屬於自
己的空間，你不希望受到一點束縛，如果你在

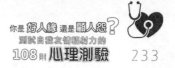

人情中感到壓力，你會比一般人更不能忍受，
你是一個外表熱情、內心冷靜的人。

☆【請不要把與寵物分享祕密看作孤單】
寵物對你的心理安慰效果有時比人類更好。牠們會
對你的情緒真正做到感同身受，甚至會表現出更多
的肢體語言，例如舔你的手，給你多一些安慰。
有研究還發現，面對寵物，女人更容易發洩自己的
鬱悶痛苦，達到情緒調節和心理減壓的效果。

46. 你容易被人欺負嗎？

　　被親友安排相親，遇到什麼樣的情況你會毫不猶豫地說再見，不給面子立刻走人？

A. 又胖又矮的人

B. 談吐低俗完全沒氣質的人

C. 窮困的無業遊民

D. 年齡太小或太大

E. 連整容醫師看了都會絕望的醜八怪

測試結果

A 你心胸比較豁達，不愛計較。別人犯了錯傷害到你的時候，你總會習慣性地原諒別人，結果就是令對方有恃無恐，一遇到問題就第一個想到犧牲你。其實有時候發火既是保護自己也是教育那些小人，不要總是對方打了你左臉，你還把右臉湊過去。有時候光憑包容是解決不了社會問題的。

B 傳說中的和事佬就是你。雖然你喜歡和稀泥，但其實你是一個有脾氣的人。不過你更加是一個「忍者」，被人欺負你會覺得不爽，但是本著和氣生財的守則，你會一退再退。有沒有由此生財大家不知道，不過更多人會覺得，你就是個軟柿子，不捏白不捏。

C 你有自己的堅持跟原則，有很多事情你都可以做得很好，可是如果有人踩到你的原則你就會發飆。

D 你不欺負別人已經是你的慈悲了。有原則、好勝心強的你做事認真又上進，你會覺得弱者自有導致他弱勢的自身原因，不會說看到誰裝可憐了就放他一馬。沒惹到你就井水不犯河水，但一旦誰踩到你的地雷，管他三七二十一，一定追殺到底，看你以後還敢不敢再危害社會和諧！

E 傳說中，秉持「吃虧就是佔便宜」加「被人佔了便宜自己還不知道」的神人就是你了。心胸開闊又簡單的你，在很多人眼裡真是吃虧無數又不長進的笨蛋。但是另一方面傻人有傻福，

你的善良有不少人會記在心裡，一面栽倒在惡人手裡，一面馬上又會有貴人伸手拉你，是福還是禍還真是一下子無法說清楚啊。

☆【心理提醒】

誰都有脾氣，但要學會收斂，在沉默中觀察，在冷靜中思考，別讓衝動的魔鬼釀成無可挽回的錯；

誰都有夢想，但要立足現實，在拚搏中靠近，在忍耐中堅持，別掛在嘴邊常立志者無志；

誰都有底線，但要懂得把握，大事重原則，小事有分寸，不講情面難得別人支持，過分虛偽亦讓人避而遠之。

47. 午餐與你的人際觀

愉快的週末來臨，你與朋友相約出去玩。一下子就到了午餐時間，正漫步於街道的你似乎也覺得肚子餓了起來，腦中不斷地浮現各式各樣的美食。這時候你會選擇吃什麼呢？

```
A. 湯麵
B. 涼麵
C. 咖哩飯
D. 三明治
E. 漢堡
F. 壽司
```

測試結果

雖然你並沒有如明星般的魅力，但是很懂得待人接物。不管對方是千金小姐還是窮人家小孩，你都可以很親切地跟對方成為朋友，因此很少

會為自己樹敵。

特別要提醒你的是，因為你是個謹慎、不會胡亂行事同時也不喜歡冒險的人，所以恐怕與喜歡出風頭的人不合。

B 乍看之下你很乖巧柔順，事實上卻正好相反！你是個自信心強、重視自己想法且敢於表達的女生，再加上你的心思細密，所以表達出來的意見，會受到同學、朋友的尊重。

提醒你偶爾也要聽聽他人的意見，否則很容易失去朋友。

除此之外，你對有興趣的事會非常熱衷，只要是你想做的事通常都能做得很好。

C 你很懂得處世之道，且擅長交際，能獲得長輩的疼愛與晚輩的敬愛，並經常會受到依賴。但另一方面，你也因為不會拒絕別人或總去同情別人而讓自己累得半死。

此外，盡管你討厭對方，卻不會明顯地表現出來，因此很容易造成自己內心的壓力。

D 你似乎很在意他人的看法，總會為了一點小事而愁眉不展。因此，儘管你本身素質很高很有才華，但缺乏自信，導致你的表現總是差人一等。但是，當你遇上有人遭遇困難時，絕不會袖手旁觀的，所以也常能獲得週遭朋友的讚賞。

E 你很懂得察言觀色，可以說是外交高手。在一群人當中，你獨特的社交手腕與開朗的笑容，正是你的魅力所在。但是當你獨處時卻似乎又變得保守內斂起來，不僅對新奇的事沒興趣，同時也非常念舊。

此外你不喜歡冒險，生活沒有太大的起伏，但是因為你凡事以安全第一為原則，所以很能受到旁人的信賴。

F 你個性沉穩，懂得如何趨吉避凶，同時也非常滿足於現狀。此外，不太會汲汲於權力慾望等現實的東西，只希望能平凡地度過一生。另外，你做任何事之前，都會先經過充分的思考，然後才會付諸行動，因此很少會出現什麼大的失誤，常能獲得週遭人的信賴。只是似乎缺少了點朝氣。

☆【人際箴言】

人與人交往，應著眼於未來，不念舊惡。

原諒別人，是對待自己的最好方式。

為你的仇敵而怒火中燒，燒傷的是你自己。

做人，心胸不可太狹隘，海納百川，靠的就是一顆寬容的心。

48. 測你為人處世的態度

假設你站在中央,有東、南、西、北四個方向,
請問你會選擇走哪一個方向?

A. 往東走

B. 往南走

C. 往西走

D. 往北走

A 你在人際交往上,能取得平衡,因此很有人緣。
你待人和善,可公正處理人事糾紛,不會得罪
任何一方。但你缺乏熱情,在戀愛時常處於被
動的地位,易錯失良緣。

B 你覺得自己不受歡迎，個性軟弱，需貼心的朋友肯定你的決定。你不易交到朋友，因你常躲避人群，認為多數人都不友善，因此能交到的知心朋友也不多。

C 你待人非常熱情，重視朋友。但有時太過熱情，反而弄巧成拙，因為不懂區分朋友，錯將人人都當成好朋友，有過度熱情的傾向。在人際關係上，因領悟力差而內心常感寂寞空虛。

D 你總是經過衡量之後，才選擇和誰做朋友。你常將所有的感情都經過理性的分析，因此你的朋友多半是因互相需要而在一起，配不上你的朋友，常常因得不到你的友情而終將離你而去。

49. 從停留視線測試人際關係

在上班或者上學途中，你在公車站等車，這時候很無聊的你會把視線停留在哪裡呢？

> A. 大媽身上
> B. 清純學生妹身上
> C. 同性陌生人身上
> D. 名貴跑車上

測試結果

你是個圓滑的人。你交遊廣泛，而且知識淵博，對很多領域的話題都有涉獵，即使面對有自閉症的人，也能讓他開口說話。

你本身也是頗有自信的一個人，而且你比較喜歡跟一些年紀大你一輪的人交往。但是你把時間表排得太滿了，會讓人覺得你簡直就像「交際花」。

B 你有時候面對別人的話題過於緊張與嚴肅，有些事情硬要刨根問底，不允許自己有半點馬虎或錯誤出現。

其實人與人之間的交往在於坦誠和真實，只要你把對方當朋友，就不妨說出自己內心真正的想法。不然會讓其他人覺得過於拘謹，與你相處時簡直要繃緊每一根神經。

C 你在人際關係上顯得很被動，沒有自信，說話也不敢看別人的眼睛。有時候一群人聚會，你就是坐在陰暗的角落裡潑大家冷水的那種人。

雖然你也有自己的想法和主見，但是你怕付諸行動，害怕受傷害，總是把自己武裝起來。你自顧自地在腦海裡幻想，只沉浸在自己的世界裡，這樣別人對你就永遠停留在沉默寡言的印象裡。

D 只要是你喜歡的事，就一定會奮不顧身拚命完成。如果你突然想吃某樣東西，無論多遠多難走的路，你都一定要吃到。

相反的，對自己討厭的人，你根本不會去在乎，也懶得虛偽，即使那個人是你的老闆。所以在自己的交際圈裡，你交到的都是真心誠意的朋

友，過著舒服自在的生活。只是有時候人在江湖，身不由己，不能只想自己的利益啊。

☆ 【改善人際關係】

1. 保留意見，爭執失涵養。

2. 認識自己，瞭解自己的優勢。

3. 絕不誇張，精明者克制自己。

4. 適應環境，維護好同事關係。

5. 取長補短，把朋友當老師。

6. 言簡意賅，簡潔使人愉快。

7. 絕不自高自大，炫耀使人更看輕你。

8. 絕不抱怨，抱怨使你喪失信譽。

9. 不要失信，避免說大話。

10. 目光遠大，多交朋友。

50. 面對誰，你最冷血？

　　假設你是個農場主，有一天你所經營的農場，幾乎被賊洗劫一空，唯獨剩下牛、羊、馬、猴、獅各一隻，而且都是你的最愛。

　　在窮困潦倒之際，你得變賣牠們以維持生活。在不得已的情況下，你會將哪一隻變賣？

　　A. 精明幹練的猴子

　　B. 任勞任怨的牛

　　C. 一日千里的馬

　　D. 溫柔敦厚的羊

　　E. 百獸之王的獅子

測試結果

A 猴子代表的是朋友

當大難臨頭時，你可能會忘記友情這件事。你是個比較顧家的人。

B 牛代表的是情人

當面臨困境的時候，你對愛情這東西比較容易釋懷。

C 馬代表的是兄弟姐妹

當你身處險境之際，手足之情會變得比較淡薄。你比較相信自己。

D 羊代表的是父母

當發生困難的時候，你不會依賴親情。這也說明你渴望獨立自主，你很小就離開了雙親，獨自出外奮鬥。

E 獅子代表的是長輩

就算你走投無路，也不會向長者求援。你個性比較孤傲，但是勇往直前，成功的機率比別人高。

51. 你會如何應對不感興趣的人？

　　正在電動遊樂中心閒逛的你，在夾娃娃的機器之中，看到了一個可愛的米老鼠玩具，你決定試試手氣，夾夾看。沒想到你真的是太幸運了！一夾就中，但是怪手抓上來的卻是米老鼠旁邊的一個醜陋怪獸玩具。天啊！你根本就不想要這個東西，再來你會怎麼處理它呢？

A. 不管朋友喜不喜歡，送給朋友就是了

B. 沒辦法，只好帶回家放著

C. 當場就把它丟掉

D. 搞不好會有人想要，乾脆就擺在娃娃機上面

測試結果

A 當有你不感興趣的人向你表白時，你會很婉轉地告訴對方：還有比我更好、更適合你的人！三言兩語就把麻煩推開了。然後你也不管朋友願不願意，就把倒霉無辜的表白者介紹給人家，你真的是非常會推啊！仔細想一想，你是不是這樣啊？

B 你呀，就是那種節儉成性、貪小便宜的人。縱使你對他一點興趣都沒有，但是你的心裡就會想：既然人家主動來向我表白，拒絕掉又好像有一點可惜，不要白不要，乾脆試著交往看看好了，搞不好哪一天真的就會喜歡上對方。你會抱著這種態度去接受一段你不怎麼在意的感情。這樣子真的很不應該，因為愛情是不能有同情和取巧的成分在裡面的，這樣做也等於是欺騙對方的感情。

C 「很抱歉，我不想和你交往。」「對不起，我想我們不適合！」你就是一個喜好分明、做事相當果斷的人。尤其是牽扯到感情方面，你非

常忠於自己的內心，不喜歡就是不喜歡，你會
很明確甚至有一些殘忍地一口就回絕對方，絕
沒有商量的餘地！讓對方徹底死心。

其實感情本來就不能勉強，你這樣做是對的。

D 基本上，你是一個蠻狡猾的人。你總是會給自
己留一條退路，你不會給對方明確的答案，不
拒絕也不接受，你會閃爍其詞地對他說「請讓
我考慮一下」「我無法馬上回答你，請給我一
點時間」這一類的話，讓對方還保留著一絲希
望，猜不透你心中的想法，然後你再安全地退
場，接著便消失了。既不會傷害到對方，也不
會給自己帶來不必要的麻煩，你還真是一個逃
避高手啊！

☆【教你九招交流術】

1. 聆聽對方說什麼

2. 學會問「為什麼會這樣」。

3. 支持傾訴者最好的辦法，就是允許對方哭泣。

4. 不要替傾訴者下判斷，鼓勵他表達自己。

5. 感同身受，設想自己處在這種環境下會怎麼做。

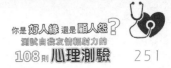

6. 長期守候。

7. 勇敢地挺身而出。

8. 設身處地，主動幫忙。

9. 和別人分享自己的事。

52. 你與人相處的弱點

與同事出現意見分歧時，你會怎麼解決？

A. 堅持己見
B. 嘗試與對方溝通，儘量達成共識
C. 謙讓對方，按照對方的意見
D. 請第三方來評理

測試結果

A 你是一個充滿自信的人，可是你常常以自我為中心，不懂得為別人著想。與人共事時把自己的立場站得太堅定，容易與人產生矛盾。學會緩和堅硬的態度，即使要堅持自己的意見，也要以理服人。

B 你有學會與同事溝通的觀念，溝通是一件好事，但是不要為了搞好人際關係而去溝通，這樣給人的感覺就太虛偽了。到頭來，在所有人的心

目中你都是馬屁精的形象，這應該不是你想要看到的吧？

C 如果你一味地順從對方的話，就會讓人感覺你對工作毫無熱情，得過且過。或許你本身是不想與別人產生對立的關係，但是你的這種逃避，反而會讓人更加反感。

D 請第三方來評理，這是一個最明智的做法，可以避免雙方的正面衝突，也可以從最公平的角度來分析這件事。既不得罪人，也不損害自己的利益，一舉兩得。

☆ 【黑暗性格】

是指性格比較陰暗，帶著一些消極的成分。這類性格的人想法和做事手段往往較偏激，走極端。主要特徵有：

1. 自戀；

2. 權術主義；

3. 具有心理變態的傾向；

4. 冷暴力；

5. 喜歡刺激；

6. 冷酷。

永續圖書
線上購物網

www.foreverbooks.com.tw

◆ 加入會員即享活動及會員折扣。

◆ 每月均有優惠活動，期期不同。

◆ 新加入會員三天內訂購書籍不限本數金額，
   即贈送精選書籍一本。（依網站標示為主）

專業圖書發行、書局經銷、圖書出版

永續圖書總代理：

五觀藝術出版社、培育文化、棋茵出版社、犬拓文化、讀
品文化、雅典文化、知音人文化、手藝家出版社、璞申文
化、智學堂文化、語言鳥文化

活動期內，永續圖書將保留變更或終止該活動之權利及最終決定權。

大大的享受拓展視野的好選擇

永續圖書線上購物網
www.foreverbooks.com.tw

謝謝您購買 　你是好人緣還是顧人怨？
　　　　　測試自我友情輻射力的108則心理測驗　　這本書！

即日起，詳細填寫本卡各欄，對折免貼郵票寄回，我們每月將抽出一百名回函讀者寄出精美禮物，並享有生日當月購書優惠！

想知道更多更即時的消息，歡迎加入"永續圖書粉絲團"

您也可以利用以下傳真或是掃描圖檔寄回本公司信箱，謝謝。

傳真電話：（02）8647-3660　　　　　　　　信箱：yungjiuh@ms45.hinet.net

☺ 姓名：　　　　　　　　　　□男　□女　　　□單身　□已婚

☺ 生日：　　　　　　　　　　□非會員　　　□已是會員

☺ E-Mail：　　　　　　　　電話：（　）

☺ 地址：

☺ 學歷：□高中及以下　□專科或大學　□研究所以上　□其他

☺ 職業：□學生　□資訊　□製造　□行銷　□服務　□金融
　　　　　□傳播　□公教　□軍警　□自由　□家管　□其他

☺ 您購買此書的原因：□書名　□作者　□內容　□封面　□其他

☺ 您購買此書地點：　　　　　　　　　　　金額：

☺ 建議改進：□內容　□封面　□版面設計　□其他

　　　您的建議：

新北市汐止區大同路三段一九四號九樓之一

大拓文化事業有限公司收

請沿此虛線對折免貼郵票，以膠帶黏貼後寄回，謝謝！

你是好人緣還是顧人怨？測試自我友情輻射力的108則心理測驗

■　請至鄰近各大書店洽詢選購。

■　永續圖書網，24小時訂購服務
www. foreverbooks. com. tw
免費加入會員，享有優惠折扣

■　郵政劃撥訂購：
服務專線：(02)8647-3663
郵政劃撥帳號：18669219